一本书读懂李开复

只有善于展示自己的人，才能在工作中获得真正的机会。

人生导师非常道

—∘ 非常之人，必有非常之语、非常之处 ∘—

李开复非常道

世界因我而不同

李大伟◎著

新世界出版社
NEW WORLD PRESS

图书在版编目（CIP）数据

李开复非常道 / 李大伟著. 一北京：新世界出版社，2014.6

ISBN 978-7-5104-5102-7

Ⅰ. ①李… Ⅱ. ①李… Ⅲ. ①李开复－生平事迹 ②成功心理－通俗读物 Ⅳ. ①K825.38 ②B821-49

中国版本图书馆CIP数据核字（2014）第147797号

李开复非常道

作　　者：李大伟
责任编辑：杜　力
责任印制：李一鸣　吴海兵
出版发行：新世界出版社
社　　址：北京西城区百万庄大街24号（100037）
发 行 部：（010）6899 5968　（010）6899 8705（传真）
总 编 室：（010）6899 5424　（010）6832 6679（传真）
http：//www.nwp.cn
http：//www.newworld-press.com
版 权 部：+8610 6899 6306
版权部电子信箱：frank@nwp.com.cn
印　　刷：北京彩眸彩色印刷有限公司
经　　销：新华书店
开　　本：710×1000　1/16
字　　数：210千字
印　　张：13.5
版　　次：2014年9月第1版　2015年1月第2次印刷
书　　号：ISBN 978-7-5104-5102-7
定　　价：36.00元

PREFACE 前言

读懂李开复，解密成功DNA

李开复是一个传奇。

从名校优等生到科技精英，从优秀职业经理人到名企高管，最后华丽转身变为一位成功的创业者，他创造了一个又一个为人惊叹的奇迹。在大多数人看来，他的成就难以企及，他的人生经历和职场生涯更是难以复制，但李开复却偏要告诉年轻人："我的成功可以复制！"这是李开复给年轻人的一个虚幻的梦想吗？

不！回顾李开复的职场生涯，他向前迈出的每一步，其实都渗透着职业技能的提高、职业素质的完善、职业理念的升华。25年国际顶级企业的职场经验，练就了他独到的职场DNA——分析行业，研究工作，沟通上司，理解同事，当然，最最重要的是去发现和认识自己。他把成功这件事掰开了，揉碎了，其中的脉络和规律一览无余地展现在我们面前，而我们只要用心去读，一定能从中领悟"成功如此简单"的秘密。

作为职场的传奇人物，李开复在几个风格迥异的国际大公司里磨砺辗转，不但少有人对他提出非议，反而朋友越交越多。为什么？因为他说："在与人沟通中，要想改变别人，唯一的方法就是首先改变自己。"

出众的学历和傲人的资历，并没有带给李开复丝毫的清高。相反，他建议年轻人在工作中必须抓住机会推销自己："主动寻找每一个机会，让老板或上司知道自己的成绩、能力和功劳。"

当年轻人强调个性和自我的时候，李开复却特别强调团队精神和行事规则："如果别人都认为你错了，只有你自认为没有错，那么在公司眼中，你就是错了。"

有些职场中人总是信奉"沉默是金"，在工作中总是金口难开，李开复却反其道而行之："一个人如果有思想但是不能表达自己，他其实就是一个没有思想的人。"

大多数人为了一份安稳的工作，谨小慎微，不敢越雷池一步，李开复却激励大家："那些敢于去尝试的人一定是聪明人，他们不会输，因为他们即使不成功，也能从中学到教训。而只有那些不敢尝试的人，才是绝对的失败者。"

当社会中流行"屌丝心态"，年轻人自甘卑微时，李开复却大张旗鼓地倡导人生的影响力："人生只有一次，我认为最重要的就是要有最大的影响力（impact），能够帮助自己、帮助家庭、帮助国家、帮助世界、帮助后人，能够让他们的日子过得更好、更有效率，能够为他们带来幸福和快乐。"

为了实现自己"影响力最大化"的初衷，李开复不断地循循善诱，恨不得把自己积淀多年的人生智慧和职场心得，毫不保留地传递给年轻人。正如他自己所说："在过去的20年，我有幸在乔布斯、盖茨、施密特等人身边学习、成长，有幸在PC时代历经苹果、微软，有幸在互联网时代历经谷歌。我有幸看到这三个世界一流公司的成长和成功，有幸在美国硅谷和中国中关村崛起的时候，在这两个地方做过最有创意的工作。这些职业经验，才是我最有价值的资产，我非常希望把这些资产传授给中国的青年。"

如果你有幸能从李开复身上，收获几缕正能量，学到职场进阶的一招二式，你的人生或许也将成为一段传奇。

CONTENTS 目录

第1章

态度决定命运
——做最好的自己

第2章

能力造就能量
——做最好的尝试

第3章

从优秀到卓越
——做最好的影响

第4章

修炼导师性格
——做最好的胸怀

第1章

态度决定命运

做最好的
自己

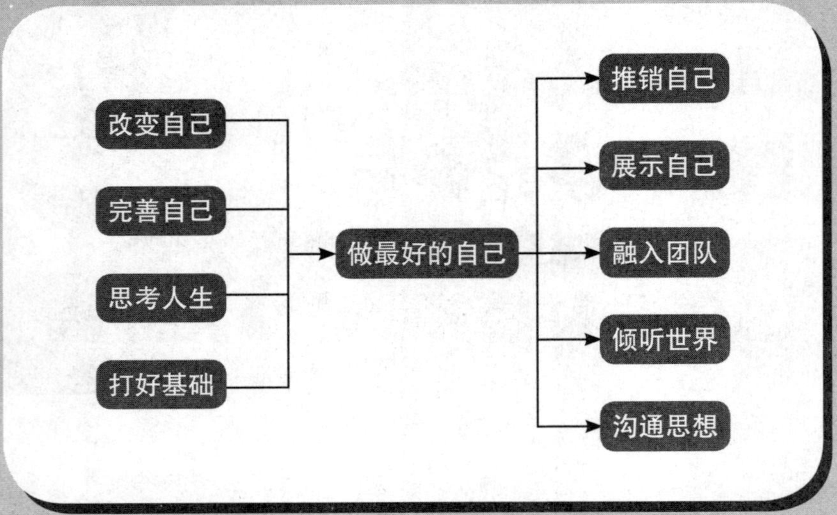
改变自己
完善自己
思考人生
打好基础
做最好的自己
推销自己
展示自己
融入团队
倾听世界
沟通思想

积极地推销自己

> 只有积极主动的人，才能在瞬息万变的竞争环境中赢得成功；只有善于展示自己的人，才能在工作中获得真正的机会。积极主动的七个步骤：第一，积极乐观的态度；第二，远离被动的习惯；第三，对自己负责，把握自己的命运；第四，积极尝试，邂逅机遇；第五，充分准备，把握机遇；第六，积极争取，创造机遇；第七，积极地推销自己。
>
> ——2013年2月6日李开复新浪微博

推销创新工场

2012年11月，深秋的厦门风光无限，蜿蜒旖旎的海岸线、一马平川的海积平原，还有高楼鳞次栉比的城区，让人感到中国经济高速崛起的魅力所在……

每一次，台湾人李开复来到厦门都感到激动不已，因为厦门位于台湾海峡西岸中部，是闽南“金三角”的中心，也是对台贸易的核心城市。李开复对台海两岸的风土人情感触良多，所以能为大陆与台湾谋点“福祉”自然是乐此不疲。李开复说：“我跟朋友回台湾旅游的最大感触是，不是阿里山、日月潭等有多美，而是当地的人情味。”

不过，当李开复第三次来厦门时，不是要观光游览，也不是要表达激动的心情，而是要做点务实的事情——推销他的与众不同的创新工场（Innovation Works）。

像李开复这样的成功人士，光是微博粉丝就有5000多万，他的一举一动、一颦一笑都受到人们的密切关注。李开复在2009年9月创办创新工场时，已经引起人们的普遍关注，但是李开复并没有消极地等待别人拿着项目找上门来，而是去推销创新工场，“主动对事情施加影响”。

2012年11月23日，创新工场董事长兼CEO李开复一出现在厦门的推销会场，就被粉丝用手机摄像头“围攻”拍照。李开复并没有因为粉丝们的如此厚爱而自鸣得意，他还有正事要办，那就是要向更多人推销创新工场，向人们说清楚创新工场是干什么的，与别人有什么不同。

李开复说：“创新工场从创立早期到现在，已经3年多，走了一些弯路，也有直路。现在，我们的定位更清晰了，就是聚焦在一些‘种子期’的创业者。

“创新工场与其他一些天使投资所不同的是，它会选择规模化的投资方法。也就是说，我们可以一年投二三十个项目，并且能从幼儿园一直投到你高中毕业。为此，我们募集了一个比较大的基金，加起来共有5亿美金左右。

“创新工场的投资模式其实很简单，我们可能会在5年时间内，投100多个公司，这100多个公司都能拿到我们的投资。其中，做得特别好的二三十家，还能拿到我们的利润投资。

“我们就是想通过这样的做法，把我们的大部分资金花出去。与其他天使投资不同的是，我们会持续不断地投入，而不会做一次性投资。尤其是我们认识到一些好公司时，我们会不断加码。”

李开复推销的创新工场，就像暗夜中一盏明灯，照亮了很多创业者的漫漫前路。当时有几个厦门大学的学生，受到了李开复的鼓舞，就想开发一个“学生自由行”项目。作为青年导师的李开复，当时不置可否，就勉励他们，不要光说不做，创业者要先把自己的钱拿出来投资，让客户满意，证明不会赔钱，这才是一个更好的开始。

在李开复的不断推销下，越来越多的人深刻认识到创新工场的项目定位和投资模式。毛遂需要“大言不惭”地向主公自荐，才能担当出国搬救兵的重任；创新工场虽然有钱、有名气，但李开复也要到处吆喝推销，才容易寻找到“种子期项目”。所以，人们要想获得成功，就要找到自己的“不同点”“厉害之处”，并积极主动地推销自己。因为只有这样，人们才能完成人生积极主动的几个关键步骤：积极面对人生——积极创造机遇——对自己负责——积极地推销自己。

向老和尚推销保险

日本保险业泰斗原一平在27岁时开始他的推销生涯。最开始，他几乎没有成功的案例，也没有客户。他穷得连饭都吃不起，晚上只能露宿在公园或者桥下。

有一天，他到一座山上向一位老和尚推销保险。等他推销完，老和尚平静地看着他，然后诚恳地对他说：“我听完了你的介绍，却丝毫激不起我投保的意愿。”

老和尚注视原一平良久，接着又说：“人与人之间，尤其像这样相对而坐的时候，一定要具备强烈的魅力，以吸引对方关注你的自我推销。如果你做不到这一点，将来就没有什么前途可言了。”

原一平冷汗直流，向老和尚深鞠一躬，问：“大师，那请问我该怎么做呢？”

老和尚说：“年轻人，先努力改造自己吧！”

“改造自己？”

“是的，要改造自己，关键是要先认识自己。你知不知道自己是一个什么样的人呢？”

老和尚又说：“你在推销自己的时候，必须先认识自己，找到自己以及这个产品的优势。”

“先认识自己？”

“是的，认识自己。看清楚自己是怎样的人，看清楚你的才能、你的缺陷，毫无保留地彻底反省，然后才能认识自己。”

自此，原一平开始努力认识自己。他尝试过不同的行业，最后发现自己最擅长的还是做推销，于是他努力改善自己，打造自己的优势，终于成为一代推销大师。

原一平能够找到自己的优势，并努力把它打造成推销点，因此取得了成功的第一步，也是最关键的一步。

如果我们想在职场中脱颖而出，也要像原一平那样找到自己的优势，打造自己的推销点。素质、潜能、特长、经验都是支撑我们在某个行业站住脚的资本，只要我们看清自己、找到优势，那么，把自己推销出去就不再是难题了。

职场中人时常会有这样的困惑：我拿什么和别人竞争，我怎样才能从众多的应聘者中脱颖而出……对此，李开复有独到的观点。他说："只有积极推销的人，才能在瞬息万变的竞争环境中获得成功；只有善于展示自己的人，才能在工作中获得真正的机会。"要突出重围，就要先学会推销自己，而推销自己的前提，就是找准推销点。

李开复的话可谓一语中的。现代社会竞争越来越激烈，如果我们不去很好地推销自己，我们就很容易埋没在职场大军之中。而要推销自己就需要找到推销点。这个推销点就是自己的优势——我们究竟有哪些优势，哪些经验，哪些特长和技能……只有认清自己，找到自己的优势，我们才能进一步打造自己的推销点，将自己推销出去。

职／场／圣／经

◎ 怎样找到自己的优势

【1】**列表比较法**。把自己获得的荣誉以及工作履历一一列在一张纸上，再比较自己感兴趣的行业和职位。通过比较，发现自己在哪方面有缺失，并找到自己最有优势的一面。

【2】**深入挖掘法**。对得到的结果再度挖掘，看自己的优势和期望值有多高，看能否抵消相对薄弱的环节。

【3】**借鉴比较法**。了解一些成功人士的事例，借鉴他们在面临选择时如何做到扬长避短，找到自己的优势和兴趣，推动事业的发展。

【4】**参考比较法**。参考身边人对你的看法，也可以咨询了解你的人。要知道，最了解你的人未必是你自己，而是关注你的人。通过他们找到你最擅长和最突出的一面。

为改变自己而努力

我有一个朋友，他小时候便立志为改变人类而努力。结果，他发现自己没有能力做到，就转而为改变自己的国家而努力。但他仍然没有做到，就又更改成为自己的城市、为自己的小区、为自己的家庭谋求改变。直到为改变自己而努力，他才认识到，只有从改变自己入手，才能改变家庭，进而改变小区、城市、国家，乃至改变整个人类。

努力使自己生活幸福，然后努力感染周围的人，使他们也都感到幸福。这是每个人都可以做到的，也是世界上最伟大、最可贵的事情。

——2012年5月李开复新浪博文《如何寻找自己的理想》

若自己被误解，别怪听众

社会是一张大网，网罗了形形色色的人。人有着不同的阅历、想法和现实状况，沟通起来难免会有矛盾。对于这种矛盾，我们要清晰地认识到，因为彼此立场不同，所以才会产生意见的分歧。我们应站在对方的角度多想想，通过比较找出自己的问题。显而易见的是，改变自己要比改变别人容易得多。

作为职场的传奇人物，李开复在几个风格不同的大公司里磨砺辗转，不但少有人对他提出非议，而且朋友越交越多，这不能不说是他在人际交往上的成功。他曾这样说过："要与人有良好的沟通，首先要有正确的态度。态度决定行为，行为决定习惯，习惯决定性格，性格决定命运。在与人沟通中，要想改变别人，唯一的方法就是首先改变自己。"在沟通中，抱着自我批评的态度，“有则改之，无则加勉”，设身处地为他人着想，这就是李开复与人沟通的秘诀，也是一个聪明人应该有的处世原则。

世界上没有两片完全相同的叶子，也没有两个完全相同的人。人与人之间的种种不同，很容易造成沟通的不成功。

首先，我们在与人沟通的时候，往往会感觉自己被误解。这种误解可能是真实存在的：它可能是信息传递过程中产生了偏差导致的，也可能是自己身上确实存在着容易令对方误会的因素导致的。就像福克斯新闻频道创始人罗杰·埃尔斯所说的：“如果你被误解，那么要怪你自己，别怪听众，因为你才是传达信息的人。”碰到这种情况，要改变他人的看法，我们要先抛弃“被误解”的想法，但不要刻意地回避对方，应该找个合适的机会同他进行真诚的沟通，在沟通中通过对话和实际行动来表明自己的真实想法，也给对方更多了解自己的机会。相对于直接地、刻意纠正对方的看法，这种方法似乎更为奏效。职场新人，当被同事误解的时候不妨一试。

其次，很多时候我们会产生自认为“绝妙”的想法，此想法一出，就急切地想与别人分享。于是，我们期待着别人理解这想法的妙处，并且一旦对方有不同的意见，会渴望改变他，渴望他认同自己这个“绝妙”的想法。事实上，这种过于急切的表现往往正是沟通产生分歧的原因。碰到这种情况，我们需要的是换一个角度思考，站在对方的立场上去思考、判断自己的想法是否妥帖。当然，对于职场新人来说，这种急切往往是出于自己对工作的热情，但要小心把握，不然，过高的热度不只会烫伤你，还会拉开同事和你之间的距离。

世上没有十全十美的人，人或多或少都有这样或那样的缺陷。我们自己有时也会先入为主，固执地按自己已有的想法去理解他人。以己度人不仅不明智，还会轻易地破坏与人沟通时的气氛。可以想象，一个人如果在沟通中把自己放在绝对的中心，一厢情愿地认为对方和自己有着完全一致的想法和诉求的话，那么他会得到怎样的交流结果？即使没有一拍两散，沟通也很难和谐地进行。在这种情况下，只能先做自我调整，而不是强求他人为自己做出改变。

修正自己，赢得笑脸

战国时期，秦国常常欺辱赵国。一次，赵国大臣蔺相如到秦国去交涉。蔺相如凭着机智和勇敢，为赵国挽回了颜面。赵王于是加封蔺相如为大夫，封为上卿（地位相当于后来的宰相）。

赵王看重蔺相如，赵国大将军廉颇看不过。在廉颇的心里，自己为国家敢效死力，百战余生，才升为大将军，而蔺相如只凭着一张巧嘴就被重重封赏，地位反比自己还高。廉颇颇为不服，扬言要教训蔺相如。

蔺相如听说后，并不生气，反而让下属见廉颇府上人要避让。为了平息下属的不满，蔺相如心平气和地问他们："廉将军跟秦王相比，哪一个厉害呢？"大伙儿说："当然是秦王。"蔺相如说："我见了秦王都不怕，难道还怕廉将军吗？要知道，秦国不敢来攻打赵国，是因为国内文官武将一条心。我和廉颇将军好比是两只老虎，两只老虎要是打起架来，不免会有死伤，这就是给秦国进攻赵国制造机会。你们想想，国事为大还是私事为大呢？"

蔺相如的这番话后来传到了廉颇的耳朵里，廉颇感到十分惭愧。于是，他裸着肩膀，背了一根荆条，直奔蔺相如家，恳请蔺相如谅解。

这就是"负荆请罪"的故事。廉颇先入为主，误解了蔺相如，发现错误后及时修正自己，最终不仅得到一位挚友，还成就了千年的美名。其实，本着修正自己的沟通原则，廉颇先前的误解完全可以避免。

职场新人要避免类似的错误，最好的办法就是按李开复的方法与人沟通，做到自我批评，有则改之，无则加勉。掌握了这一点，你就掌握了沟通的要诀，那么不论生活还是工作中，你身边的笑脸会越来越多，路也会越走越宽敞，越走越轻松。

职/场/圣/经

◎ 怎样修正自己

【1】**避免先入为主**。对于他人的观点，如果是你熟悉的，应尽量不要用过去的眼光去看，不然很容易出现偏见。

【2】**在对话时少说“我”**。人与人的对话是相互交流的过程，过多使用“我”这个词，会割裂两人的交流，出现一个人侃侃而谈，另一个人心存意见的局面。

【3】**倾听他人的意见**。在感到被他人误解的时候，多听听这个人和其他人的意见，不要局限在个人的想法中。

只有善于展示自己，才能获得真正的机会

中国的学生和职员大多属于比较内向的类型，在学习和工作中还不够主动。在学校时，学生往往需要老师安排学习任务，或是按照老师的思路做课题研究。在公司里，职员常常要等老板吩咐做什么事、怎么做之后，才开始工作。此外，许多中国人并不善于推销和宣传自己，这恐怕和中国自古以来讲求中庸的文化氛围有很大关系。

但是，要想在现代企业中获得成功，就必须努力培养自己的主动意识：在工作中要勇于承担责任，主动为自己设定工作目标，并不断改进方式和方法。此外，还应当培养推销自己的能力，在领导或同事面前要善于表现自己的优点。只有积极主动的人，才能在瞬息万变的竞争环境中获得成功；只有善于展示自己的人，才能在工作中获得真正的机会。

主动寻找每一个机会，让老板或上司知道自己的成绩、能力和功劳。同时，不忘团队精神，发表见解、贡献主张，协助他人、鼓励大家，以事为本、以人为先。

——2003年12月微软公司全球副总裁李开复给中国学生的第二封信《从优秀到卓越》

向比尔·盖茨报告

在这个酒香也怕巷子深的时代里，李开复十分重视自我推销的价值。他非常善于抓住机会，向老板“推销”自己的成绩、能力和功劳。他在领导微

软中国研究院（后改名为微软亚洲研究院）时，很快面临了这样一次机会：向比尔·盖茨报告。这是微软公司的一个惯例，每年一个部门向盖茨述职。作为世界上最出色的软件工程师之一，比尔·盖茨的眼光是极为犀利和苛刻的，常有工程师因为报告不好被他批评。许多工程师对于“向比尔汇报”是既爱又怕。

李开复与其他工程师不同，他没有畏惧，反而鼓舞团队士气，做更充分的准备。为了完成这次报告，李开复提前6个月向微软总部做了申报，早早开始准备，集中力量研究最可能在6个月内完成的项目。

凭借项目的出色表现，李开复和他的团队非常自信地出现在比尔·盖茨面前，他们完美的汇报得到了比尔·盖茨的高度评价。此次汇报之后，盖茨在不同场合不止一次地说：“我敢打赌你们都不知道，在微软中国研究院里，我们有一批世界上最厉害的多媒体科学家。”

李开复积极的表现，获得了老板的认同。在之后的访谈中，他也经常提起这次会面：“如果当时没有努力地争取，而是选择消极地等待，那我们就会错过这次向老板展示的机会。”

就像李开复所说的，要勇于向老板展示你的能力，如果一直沉默无闻、默默工作，老板哪一天才会把目光投注在你身上呢？职场里，适当地自我表现，是一种积极的手段，是自我肯定，也是自我表现，表现给老板看，表现给同事看。你行，就让大家都看到！

在公司里，经常得到晋升机会的人，大多是善于自我推销和表达自己意愿的人。他们是最积极主动的人：只要牵扯到公司和团队利益的事情，他们就会积极地发表自己的见解，表明自己的主张，帮助公司和团队完成和完善工作计划；在完成分内工作后，他们还会经常协助其他人尽快完成工作；他们会鼓励自己和同伴，带动整个队伍的士气，提高工作效率和热情。这些人不仅会工作，还会自我表现，机会很难从他们身边一声不响地溜走。

“不管你知道多少金玉良言，具备多好的条件，如果没有得到上司和周围人的认同，那么你的构想和灵感只能继续被埋藏。”美国心理学家威廉·詹姆斯的这句话直白地告诉我们：通向成功，不单要有良好的工作习惯、丰富的内在，还需要适当地表现自己。

敲钟诵经的声音要更大些

有一座庙宇，里面有三个和尚，一个老和尚是住持，两个小和尚都是老和尚下山收来的徒弟。两个徒弟孩提时候就被传法，所以一心向佛，十年如一日。这时，小和尚都已经长成大和尚，有了自己的徒弟。老和尚的身体也日渐衰弱，他决定在自己圆寂前，选出其中一位徒弟做住持。

后来，新住持的一位弟子问住持："师父，你说师尊当初为什么选你做住持呢？"住持想了想，说："我不过是敲钟诵经的声音更大些，师父也就知道我没有懈怠。"弟子若有所悟，于是日日念佛，不忘向师父请教。数年后，他也成为新的住持。

故事里，两个小和尚一样天天诵经念佛，却因为表现不同，一个成了住持，另一个只能继续低头诵经。在公司里也是如此，自我表现是相当有必要的。

同样完成了工作，结果是善于表现的人升迁加薪，默默无闻、埋头工作的人却原地不动。这是为什么呢?

因为老板的注意力是有限的，善于表现往往意味着获得更多的关注，善于表现的人可以获得更多的提升机会。

所以，你是希望做默默工作而难以获得提升的员工呢，还是希望做老板经常注意而很快获得提升的员工呢？答案显而易见。你要做的就是，积极地完成工作，合理地自我表现。你能行，就让老板知道。

职/场/圣/经

◎ 怎样让老板知道你行

【1】主动汇报新思路。在工作中常常会有新思路和新想法，适时地向老

板汇报，一方面反映了你对工作积极热情的态度，另一方面也可能加速工作的进度。

【2】完成工作时，立即向老板汇报。这能使你建立起卓有成效的职业形象。

【3】工作进行到一定程度时，选择向老板汇报，保证工作的方向不会出大的偏差，也是展示自己对工作的认真负责态度。

【4】预料工作会出现拖延时，及时向老板汇报，让老板早做心理准备，早做决策。

人品不完善的人很难真正有所作为

我曾面试过一位求职者。他在技术、管理方面都相当出色。但是，在谈论之余，他表示，如果我录取他，他甚至可以把在原来公司工作时的一项发明带过来。随后他似乎觉察到这样说有些不妥，特作声明：那些工作是他在下班之后做的，他的老板并不知道。这番谈话之后，对于我而言，不论他的能力和工作水平怎样，我都肯定不会录用他。原因是他缺乏最基本的处世准则和最起码的职业道德——“诚实”和“讲信用”。一个人品不完善的人是不可能成为一个真正有所作为的人的。

应聘者要考虑主考官的感受，主考官要找的是他们感兴趣和需要的人。

——2000年4月微软公司全球副总裁李开复
给中国学生的第一封信《从诚信谈起》

重视主考官的感受

很多人在面试时喜欢表现自我，这是没错的，但是有的人错就错在太主观，只知道按照自己的思维和习惯做事，而忽略了主考官或者公司的需求。李开复在讲到他做主考官的经历时强调，应聘者应考虑主考官的感受。

谷歌中国的招聘中，李开复作为团队的领导人，面试了形形色色的应聘者，其中的两次面试让他印象深刻。

有一位应聘者笔试成绩很好，在谷歌中国的考试中几乎是满分，但他在面试时却露出了令人费解的傲慢。尤其是在他回答错了一个问题之后，竟然恼羞成怒地说："你以为你很厉害吗？来，我给你出个题，看你能做对吗？"

几句话说得主考官瞠目结舌。

公司需要的是团队精神，过于傲慢的人很难和团队愉快合作。这种人即使是天才，公司也不会录用。所以，这个人立马被请出了局。

另一位应聘者在面试中表现十分出色，但当他的成绩单寄来的时候，招聘小组发现他的计算机课程都是60或61分。一位资深工程师坚决反对录取他："成绩本身也许并不那么重要，但却能基本看出一个人的态度。这么多60分，说明他对自己不负责任，这种态度我们无法信任。"

这位工程师和这位应聘者电话沟通后，才勉强同意聘用他。原来，这位应聘者是为了表示自己对学校计算机系教学方法的不满，每次考试都存心"低分过关"。

李开复提醒大家："诚实是我们需要的，个性也是我们允许的，但是过强的个性会给自己带来麻烦。主考官希望找到一个认真负责的人，如果你表现得太有个性，很可能就与你所期待的职位擦身而过。"

故事里的两个人都比较有个性，但这些个性很容易引起主考官的反感。态度傲慢的人无法与人和睦相处，主考官自然不愿意接受；而因为看不惯某种体制或事件就不予以配合的行为，也很难让主考官接受，如果他不是一个很有能力、可塑造的人，相信主考官不会留下他。

所以，在推销自己时，我们要尽量收敛个性，并投主考官所好。只有这样，才能给主考官留下好印象，从而进入公司。

给出主考官满意的答案

常兰参加了上海一家公司的招聘会。她态度谦和，不卑不亢，让主考官很是喜欢。主考官出了这样一个问题：单位里的领导和同事全部出差了，只留下你和一个比你大的同事，领导指定你来主持工作。这时，还有四项工作需要你当天完成，你会怎么做？工作内容如下：外省同行来交流工作，一个为期半天的募捐活动需要你参加，女同事家中孩子生病了，上级有个紧急材料要你完成。

常兰看到考题就知道主考官要考察她的组织和协调能力，她思考片刻，说："我先处理女同事孩子的问题，我会和她沟通。因为工作比较忙，建议她请家里人处理孩子的事。而后让她去参加那个半天的募捐活动，剩下两项比较重要的工作由我自己来完成。"

主考官一听就是她了，这个人的组织和协调能力不一般。

常兰之所以应聘成功，是因为她不但态度谦和、不卑不亢，深得主考官好感，而且她明白主考官需要的是一个能显示自己组织能力和协调能力的答案，于是她在最短的时间内给出解决问题的最佳方案，令主考官很满意。

在面试中推销自己，要注意主考官对个人态度的要求，以及出题的目的。态度上要尽量做到让主考官接受，回答问题要尽量给出令主考官满意的方案。只有这样，我们才能被主考官记住，进入公司或下一轮面试。把握住主考官的心理，也就找到了推销自己的突破口。

职／场／圣／经

◎ 怎样成功地推销自己

【1】表现出对企业的了解。在面试中，有两个问题经常出现："请问你对我们公司有多少了解呢？""为什么选择我们企业？"在应聘之前要多做准备，了解企业的基本情况是你必须要做的。

【2】表现出诚恳的态度。在做自我介绍时，记得要摒除虚夸的成分。要知道这些虚夸的成分很可能成为你心理上的负担，在未来的工作中，甚至可能成为你的压力。

【3】表现出合作精神。现代企业要求员工具备的重要素质之一就是合作

精神，适当地展示自己的团队合作经历，无疑会给你的面试加分。

【4】**表现出自己的优势**。在回答主考官的问题时，适当地展示自己最有优势的一面，也是面试的闪光点。

不经过思考的答案最真诚

我建议你闭上眼睛，把第一个浮现在你脑海里的理想记录下来，因为不经过思考的答案是最真诚的。或者，你也可以回顾过去，在你最快乐、最有成就感的时光里，是否存在某些共同点？它们很可能就是最能激励你的人生目标。再者，你也可以想象一下，15年后，当你达到完美的人生状态时，你将会处在何种环境下？从事什么工作？其中最快乐的事情是什么？当然，你也不妨多和亲友谈谈，听听他们的意见。

——2004年5月微软公司全球副总裁李开复给中国学生的第三封信《成功、自信、快乐》

真诚的力量

在网上，学生经常向李开复提出这样一个问题：“我为什么没有知心朋友呢？”李开复也不止一次地回答了这个问题：“真诚坦白的人，才是值得信任的人。”这不仅是李开复对年轻人的指导，还是他的做人准则。

和许多年轻人一样，李开复有一起玩闹的“死党”，也有工作上的伙伴。他一直坚持用诚恳的心对待他人，换来他人的真诚对待。所以，李开复身边一直有朋友和同事在支持着他。即使是在他离开微软，微软公司对他提出控诉的艰难岁月里，许多朋友仍在私下里给予他帮助，如新东方集团的董事徐小平，在关键时刻飞往美国为李开复出庭做人格担保。有人问徐小平，为什么和李开复只有一面之缘，却不辞辛苦顶着微软的压力去美国做证呢？

徐小平说："我相信他，不仅是因为他在中国青年中有影响，更是因为我在与他交流的过程中，看到他的真诚和坦白，进而了解他的为人。哪怕没有见过几次面，我也认为他是值得信任的人。"

徐小平之所以不远万里替李开复做担保，就是因为他相信李开复。而李开复之所以能取得徐小平的信任，就是因为他在与徐小平的交流中够真诚、够坦白，充分地表现出了他的人格魅力。

我们要取得他人的信任，也要像李开复一样，敞开心扉，用真诚的心与人交流，只有这样，我们才能得到信任、受到欢迎，才能建立起高效的人脉网。要怎样展示自己的真诚呢？最好的方法就是真诚地对人对事，并且做到言行合一，让别人看到一个真实的你。

坦诚地对待别人

一个大学教师写了一本《思想政治工作方法》的书，出版社要求他自己推销1000册。这对没有推销经验的他来说，是十分困难的。

为了推销他的书，他在学校搞了一次讲演。他这样说："当老师的在这里推销自己的书实在是难堪，但是现在的作者也很难，写了书，还要自己卖。出版社一下子压给我1000册书，稿费却一分钱没有，所以我不能不推销。这本书写得怎样我自己不好评论，但有两点我可以保证：第一，这本书是我花了近4年时间完成的，是我心血的结晶；第二，书的内容绝不是东拼西凑的，里面有我自己的见解。不久前，这本书还被评为社科类图书的二等奖，这是证书。"

说着教师拿出证书给学生们看，他接着说道："对于我这个教书匠来说，搞推销要比写书难很多，我只是硬着头皮来找大家帮忙，买不买你们自愿，我绝不强迫。如果你们觉得这本书有用，你们就买一本，算是帮我的忙。"

学生们被教师的真诚所感动，纷纷拿出钱来购买，教师的书一下子卖掉了800多册。

这个教师没有用什么推销技巧就成功地卖掉自己的书，主要原因不是他的书怎么样，而是他的人怎么样。他坦诚的态度直接地反映出他为人的真诚，学生们相信，这样的人会对自己的书忠诚，不会骗他们的钱。

在职场中，如果我们能像这位大学教师一样坦诚地对待别人，那么，我们就会获得更多的信任和欢迎，进而建立起高效的人际关系网。

职/场/圣/经

◎ 怎样与同事交往

【1】适时地帮助同事。同事向你求助时，在自己力所能及的前提下，要帮助同事完成；如果自己没有能力帮忙，向同事告知你真实的情况，求得理解。

【2】不要忽视偶遇。同事之间在茶水间、电梯里还有走廊里总会碰面，一个真诚的微笑加上热情的招呼，很温暖人心。

【3】聊天时适度地谈谈私人话题，或者在休息时谈论一些生活中的事情。这样不仅能增加了解，显得人情味更足，而且能显露出自己真诚的一面。

团队精神起着非常关键的作用

对于一个集体、一个公司，甚至是一个国家，团队精神都是非常关键的。微软公司在美国以特殊的团队精神著称。像Windows 2000这样产品的研发，微软公司有超过3000名开发工程师和测试人员参与，写出了5000万行代码。没有高度统一的团队精神，没有全部参与者的默契与分工合作，这项工程是根本不可能完成的。

——2000年4月李开复所撰文《生活在群体之中》

以别人的想法作为最终目标

初入职场，不可避免地会遇到理念冲突的问题。身为职场新人的你，该如何面对一个全新的环境，又该怎样解读这个圈子里的行事规则呢？

李开复指出：“如果别人都认为你错了，只有你自认为没有错，那么在公司眼中，你就是错了。所以，你必须虚心地理解和接受别人的想法，而且以别人的想法作为最终的目标。”这句话是李开复专门对刚踏入社会的年轻人所说的。

作为职场新人，往往有着不切实际的想法，期望自己能有一份有挑战有趣味，同时又高薪低劳的工作。而实际上，初涉职场的年轻人不仅缺少经验，缺少对企业文化的解读，而且不理解企业内部的运作规则和思路，很难被委以重任。当期望与现实发生矛盾时，职场新人往往丧失信心，失去对工作的热情，时常采取敷衍了事的态度，从而导致自己的职场之路不顺。因此，职场新人要注意融入集体，调整自己的心态。

有很多刚踏入社会的职场新人提出了许多有关初进职场的问题，如“如何适应办公室环境”“职场新人要怎样调整心态”“步入社会要做哪些准备”等。对于这些问题，李开复根据自己的经历给年轻人做出答复：要注意理解企业和团队的精神。

初入职场，每一个新人都要清醒地认识到，你是一个彻头彻尾的新人，企业需要的人才，是能够融入这个集体的人。而一个人即使有再高的学历、再强的能力，不能融进公司团队里，那么他所能发挥的远比他表现出的来得少；相反，一个人主动融入团队，才能在职场上站稳脚跟，寻求更长远的发展。

独行侠“悲惨的世界”

美国航天工业巨子休斯公司的副总裁艾登·科林斯曾经评价乔布斯说：“我们就像小杂货店的店主，一年到头拼命干，才攒那么一点财富。而他几乎在一夜之间就赶上了。”

乔布斯22岁就开始创业，从一穷二白打天下，到拥有2亿多美元的财富，他仅仅用了4年时间。不能不说乔布斯是一个创业天才。然而，乔布斯有一段时间却因为独来独往，拒绝与人团结合作而吃尽了苦头。

他骄傲、粗暴，瞧不起手下的员工，像一个国王一样高高在上，他手下的员工都像躲避瘟疫一样躲避他。很多员工都不敢和他同乘一部电梯，因为他们害怕还没有出电梯就已经被乔布斯炒了鱿鱼。就连他亲自聘请的高级主管——优秀的经理人，原百事可乐公司饮料部总经理斯卡利都公然宣称：“苹果公司如果有乔布斯在，我就无法执行任务。”

鉴于二人水火不容的情况，董事会必须在他们之间进行取舍。最终，他们选择的是善于团结员工、和员工拧成一股绳的斯卡利，而乔布斯则被解除了全部的领导权，只保留董事长一职。

对于苹果公司而言，乔布斯确实立下了汗马功劳，是不可或缺的人才，如果他能和手下员工团结一心，相信他是战无不胜的。可是他偏偏选择孤立独行，这样他就成了公司发展的阻力，他的才华越大，对公司的负面影响就越大。所以，即使是乔布斯这样出类拔萃的人，如果没有团队精神，公司也只好忍痛舍弃。

李开复之所以能在不同的企业取得成功，一方面是因为他有深厚的积淀；另一方面，也是因为他能积极适应环境，成功地使自己融入企业团队当中。年轻人初涉职场，要注重前辈和团队的想法，这不仅是站稳脚跟的保证，更是以后长久发展的前提。

职／场／圣／经

◎ 怎样融入集体

【1】不要表现出过于强势的一面。刚进入一个企业，新人首先要做的是融入团队。太强势的表现，很容易被其他人排斥。

【2】不要忽视与前辈的交流。有了问题，要积极地向前辈请教，一方面可以学到东西，另一方面也可以从中了解团队。

【3】重视企业条例。通过企业运营手段和执行规则，了解企业的发展方向。

【4】进行积极的自我调整，使个人能力的提升和企业的发展方向相吻合，不要忽视企业文化和团队精神。

倾听是沟通的第一秘诀

无论是驱逐悲伤或是获取快乐，我们都需要从倾诉和沟通中得到正面的激励。最自然的沟通对象可能是你的亲人，特别是你的父母。我相信，所有的父母都愿意听孩子的倾诉。

三步得到自信：第一，不要小看自己，多给自己打气；第二，有毅力、勇气，从成功中获得自信；第三，自觉确定自己的目标，用虚心倾听他人的评估。

在沟通的过程中，如果想让别人更好地理解你，你自己首先要听取并理解他人的意见。因此，沟通的第一秘诀就是悉心倾听。

——2011年7月李开复公开语录

“午餐倾听”

社会是一张大网，网罗了形形色色的人。人与人之间有着各自不同的阅历、想法和现实状况，沟通起来难免会有矛盾。对于这种矛盾，我们要清晰地认识到因为彼此立场不同，所以才会产生意见的分歧。只有站在对方的角度想一想，才能通过比较找出自己的问题。显而易见的是，改变自己要比改变别人容易得多。

我们在职场上生存需要良好的沟通能力，沟通顺畅才能提高工作效率，改善我们的人际关系。如果沟通不畅，即使是想法再接近，也难以达成一致的看法，拉近彼此的距离。所以，我们要重视与人沟通的重要性。

一个善于与人沟通的人，必然也是一个善于倾听的人，这点从李开复身上可见一斑。

李开复自踏出大学研究的领域后，曾先后在苹果、SGI、微软、谷歌几家大型企业任职，虽然几家大公司文化背景有很大的差异，但李开复都能很快地把一批精干的人才聚集到自己身边。这种能力与他善于沟通和理解他人是分不开的。他在自己所著的书中也着重阐述了沟通的重要性，他直接指出："悉心倾听是沟通的第一秘诀。"

他不仅是这样说也是这样做的。在苹果，他和项目组成员相互倾听彼此的看法，探讨研究方向；在微软，他推出"午餐讨论会"，倾听来自不同部门的员工诉说自己最兴奋的事和最苦恼的事，鼓励员工提出意见，找出自己身边和团队的问题。李开复的"午餐倾听"沟通法取得了成功，他很快和员工建立起有效的沟通，为之后的工作打开了局面。

沟通最重要的是了解对方的想法，李开复通过"午餐倾听"很好地听取了来自不同部门员工的意见和建议，从而及时弥补管理工作中的不足，达到了高效沟通的目的。

在沟通中，要了解对方的想法，首先就要学会倾听。人总是希望被理解、被支持，所以，做到悉心倾听，更容易获得别人的好感，同时在你发表意见的时候，也会得到更多的尊重和理解。

被女孩迷住的"原因"

韦恩是公认的受欢迎人士，他经常被人邀请参加宴会，打高尔夫球和网球，或担任发布会的发言人。

一天晚上，韦恩和他的朋友罗宾去一个朋友家参加派对。罗宾发现韦恩和一位有着惊人美貌的女孩在角落里聊天，女孩似乎一直在说话，而韦恩好像一句话也没有说，只是偶尔笑一笑，点一点头。他们谈了足足几小时，派对结束后又一起动身离开。

第二天，罗宾不无妒忌地问韦恩：“昨天晚上我在宴会上看见你和那个最迷人的女孩在一起，她完全被你迷住了。你是怎么做到的？”

“很简单。”韦恩说，“斯杜森太太把乔安介绍给我，我只对她说：‘你的皮肤晒得真漂亮，是怎么做到的？你去哪儿了？是阿卡普尔科还是夏威夷？’

“‘夏威夷。’她说，‘夏威夷永远都风景如画。’

“‘你把那里的一切都告诉我好吗？’我说。

“‘当然。’她回答。我们就找了个安静的角落，接下来的时间她一直在谈夏威夷。

“今天早晨乔安打电话给我，说她很喜欢我陪她说话。她说很想再见到我，因为我是最有意思的聊天对象。但说实话，我整个晚上都没说几句话。”

韦恩能够得到美丽女孩的青睐不是因为他口若悬河、夸夸其谈，而是因为他善于倾听。我们在职场上经常犯的一个错误就是，太喜欢表达自己的观点，强调自己的主张，忽略他人的感受和看法，而这恰恰容易导致沟通不顺，难以解决问题。

学会倾听，不仅是尊重别人，也是让自己了解对方想法，寻找进一步沟通的一种方式。

职/场/圣/经

◎ 怎样倾听

【1】**倾听时要专注**。倾听者必须随着倾诉者言语与非言语行为的变化，随时调整自己的言语与非言语行为，以同样的节奏跟随倾诉者，才能反映出倾听者的专注与倾听。

【2】**设身处地地感受**。倾听者不但要听懂倾诉者通过言语、行为所表达出来的东西，还要听出弦外之音，听出倾诉者在交谈中所省略的和没有表达出来的内容。

【3】**适当地参与和做出反应**。在倾诉者倾诉间歇，等待回应的时候，可以采取一些小的技巧鼓励对方。比如，点头、张开手，运用“嗯”“是这样”等肯定性短语，以及重复倾诉者话中的关键词。

有思想但不能沟通，等于无思想

一个人如果有思想但是不能表达自己，他其实就是一个没有思想的人，这句话说得非常有道理。我想在座的很多理工科的同学以前可能认为只要有思想就够了，不过这句话告诉我们，你只有思想不能沟通，这其实说明你是没有思想的。

这句话没有丝毫夸张。在21世纪，全世界都信息化的前提下，最好的信息传播渠道还是通过人。人怎么传播信息呢？靠沟通。一个人的沟通能力好，他可以把一个很难懂的信息轻易地传播给别人。一个人沟通能力很差，他就无法传播信息，因此别人可能看不起他，认为他没有思想。所以沟通能力是非常重要的。

——2009年9月李开复所撰文《高效能沟通者》

培训课中暴露的大问题

我们见到李开复大多是在访谈节目、演讲中。台上的李开复侃侃而谈，说话有条有理，温和又不乏激情，能轻而易举地吊足大家的胃口，让大家在他的演说中不断地进行思考和比较。人们可能很难想象，李开复也有过怯于开口的时候。

李开复曾提到过，在他刚离开学校进入公司时，因为不适应企业里直来直去、主动沟通的交流，也有一段很少与人交流的日子。好在一次能力培训课改变了他，在这次培训中，李开复试着展示自己的全部能力，在其他员工面前做出各种表演，希望得到大家的认同。最后，很多与他素不相识的员工直接点出他在表达能力上的一些缺陷：眼神闪烁，没有自信；常用可能、也许、大概等词，显得没魄力；在发言中总是同意别人的意见，容易妥协，放弃自己的观点……

对于其他员工的点评，李开复很是惊讶，这么一次短暂的培训，就暴露出自己表达上的这些问题，看来要花些功夫在表达能力上才行。这次培训之后，他格外注意提升自己的表达能力，每天练习演讲，风雨无阻。如今的他做演讲报告已经是挥洒自如、举重若轻了。作为关注中国年轻人成长的成功人士，李开复也不止一次地在演讲中告诫年轻人，要主动、准确地表达出自己的想法。

21世纪已经不是等别人发现自己的时代，“沉默是金”早已被证明是发展的自我限制。相反，那些能抓住稍纵即逝的时机，勇于表达自己的人，也抓住了成功的机会。

初涉职场的年轻人，并不一定要成为称职的演说家。事实上，成功的表达能力也不该只为演说家专有。生活中我们每时每刻都在和他人、群体产生交集。每一次与外界交流，我们都可以把它看作一次演说，认真对待。在演说里，寻找自己表达能力的缺失，学习他人的表达技巧，逐步提升自己的沟通能力，以更好地展示自己的能力和表达自己的想法。其实，口才也是可以后天锻炼出来的。

对着树林和玉米演说的总统

众所周知，美国第16任总统林肯是以演讲和雄辩著称的，他的几次演讲，至今仍被人们所学习和研究。年轻时的林肯只是一位寻常人，因为家境贫穷，没有受过多少教育，他也不是演讲的天才，那时他的谈话和演说空乏无力。

林肯的口才是后天锻炼出来的，他常常到法院去听律师们的辩护词，看他们如何辩论，如何做手势。他一边倾听那些政治家、演说家慷慨激昂的演说，一边模仿他们，回来后学他们的样子，对着树林和玉米地反复练习。成功的演讲使林肯终于成为一名雄辩的律师并最终踏入政界。

林肯通过刻苦的锻炼，才把自己打造成一流的演说家。所以，如果我们的表达能力不强，不要害怕，只要坚持锻炼，就一定会有所提高。

我们生活在一个错综复杂的社会里，个体与他人、社会之间的联系日益紧密，一个人不可能像一座孤岛独立在人际交往之外。因此，表达能力显得尤为重要，工作中，表达的成功与否决定了你是否能获得更多的理解和支持；生活里，自我表达不仅是自己排解情绪的渠道，更是交朋结友不得不具备的能力。大家都渴望沟通和理解，而主动、准确的表达是彼此间沟通的桥梁。

职/场/圣/经

◎ 怎样提升表达力

【1】**简明扼要，一语中的**。说话时，话不在多，要抓住重点。听话的人一般都厌烦空话、大话，尽量避免说此类的话。

【2】**因事明理，话丑理端**。说话时引用一些民谚俗语，往往会给人留下更深刻的印象。

【3】**旧话新用，添加内涵**。改变一些大家已经惯用的说话套路，让谈话方式更具新鲜感。

年轻人需要从基层做起

想做企业领导或管理工作的年轻人，必须从基层做起，必须在人品方面学会做人，在学业方面打好基础。

有同学问如果专业没兴趣怎么办？第一，寻找专业里面可能感兴趣的小专业，寻找专业和其他感兴趣的专业的交集；第二，如果仍没兴趣，换一个有兴趣的领域，毕业后考研或直接申请那个领域的工作，不过多咨询别再犯选择的错误了；第三，无论是否有兴趣，都要尽力去学习。如果成绩太差，会被认为责任心和态度有问题。

——2013年2月21日创新工场董事长兼CEO李开复新浪微博

从博士生到名企高管

终生学习是职场人所必需的，面对知识的换代和工作的需求，我们该如何应对呢？最有效的途径就是学以致用，在实践中，提高自己的综合能力。俗话说："台上一分钟，台下十年功。"想光鲜地站在台前，你无疑是要付出更多努力来打好基础的。

李开复说："今天社会的发展日新月异，知识更新换代的速度越来越快，如果不掌握真正有效的学习方法，就无法在工作中跟上时代的节拍。"李开复的这段话很有道理，为了跟上社会发展的脚步，不及时"充电"是不行的。尤其是年轻人，更应该在这方面有突出的表现。但事实上，很多年轻人忽略了学习，无论是在学校里的系统学习，还是在工作中自我能力的提升。

李开复指出，学习首先要打好基础。在这点上，李开复堪称年轻人学习的典范。他自小刻苦学习，虽然小时候也有顽皮的天性，但从未放松过基础学习。后来他走进哥伦比亚大学，毕业后又进入卡内基—梅隆大学读博，一路上顺风顺水，不得不说这与他少时根基稳固有着相当大的关系；再有，李开复从象牙塔走出去后，历经几个大公司的高管生涯，也是因为他刚入职场就主动适应，一方面检查改正自己的不足之处，另一方面继续保持自己的优势，很快就积累了足够的团队经验和管理经验，再结合自身的优秀品格，他在职场上就所向披靡了。

正像李开复所指出的那样，年轻人有些还在学习中，有些已经参加工作，不论是在学习还是工作中，打好基础都是提升自我必不可少的一个步骤。而我们身边却总是能看见这样一些人，他们有着远大的志向，却只停留在嘴上，缺少具体的行动，以为自己缺少的只是机会，一旦机会到来，便能乘风而起，扶摇九万里。当然，我们承认有志向是好的，但没有打好基础的话，再美好的愿望也只能是空中楼阁，只存在于意念之中。

神射手的修炼方式

比较起来，厚积薄发是可借鉴的成功模式，抛开许多大家耳熟能详的成功故事，这里有一个更具有趣味性的故事：

一个叫纪昌的人，想学射箭的本领，于是拜飞卫为师学习射箭。飞卫是一个神射手，据说他箭无虚发，天下无双。

飞卫对纪昌说："射箭要先练眼力，你先学会看准目标不眨眼，回去练好了再来找我。"

于是，纪昌每天躺在妻子的织布机下面，眼睛紧盯飞梭，先练习不眨眼睛。妻子在织布机上织着布，他看着飞梭来回穿梭。就这样坚持锻炼了两年时间，一个锥子尖刺到眼眶上，他也能一眨不眨了。他以为练得差不多了，就跑到飞卫那里，请求正式学射箭。

飞卫听了后说："不行！你还得继续锻炼眼力。要能够做到把一个很小的东西看得很大才行，等你达到了这样的程度再来告诉我！"

纪昌听了老师的话，又回到家中练起眼力来。他把一只虱子用一根牛尾巴上的毛拴住，挂在窗户上，每天目不转睛地望着。练了10多天，牛毛上的虱子在他眼里渐渐大了起来；又过了3年，在他眼里，那牛毛上的小虱子已经大得如同车轮一般。这时候，他再看别的小东西，面前就像出现了一座小山一样。

纪昌高兴地找到飞卫，把自己练习眼力的结果告诉他。飞卫高兴地说："这回你可以学习射箭了！"

纪昌按照飞卫教给他的方法练习起来。他用箭去射拴在牛尾上的小虱子，一天也没间断地练着。最后，一箭发出，射过小虱子，而细牛尾却没有断。

纪昌把自己的成绩告诉飞卫。飞卫高兴得跳起来，他对纪昌说："射箭的妙处你已经掌握了！"从此以后，纪昌成为著名的神射手。

"纪昌学箭"的故事告诉我们，打好基础是成功的关键。可以想象，如果纪昌没有下那么多年的苦功，而是一上来就练射箭，那么成就必定有限，他顶多只能成为一个善于射箭的人，很难成为神射手。

正像一句老话说的"万丈高楼平地起"，要做到自我提升，一定要有一个可靠的支点。这个支点正是学习的基础，基础性知识和常识积攒在一起，才是可靠的基石。职场里需要积累的，也是各层次的基础性知识。年轻人切记，不能忽视基础。

职／场／圣／经

◎ 职场上需要打好哪些基础

【1】**注意基本礼仪**。职场里，良好的礼仪无疑是最好的名片。年轻人要注意的职场礼仪有很多，包括电话礼仪、迎送礼仪、握手礼仪、介绍礼仪、名片礼仪等。基本礼仪不仅是个人职业形象树立的关键，也在很多时候代表着公司的形象。

【2】**基本的待人处事**。因为有行业规定，还有公司条例，工作环境中的

人际关系，并不和生活中的人际关系完全等同，要成功融入公司环境中，必须多了解待人处事的原则。

【3】**基础的专业能力**。专业能力才是你的核心竞争力，想要在专业能力上有所提升，基础知识不可缺少。

第2章

能力造就能量

做最好的

尝试

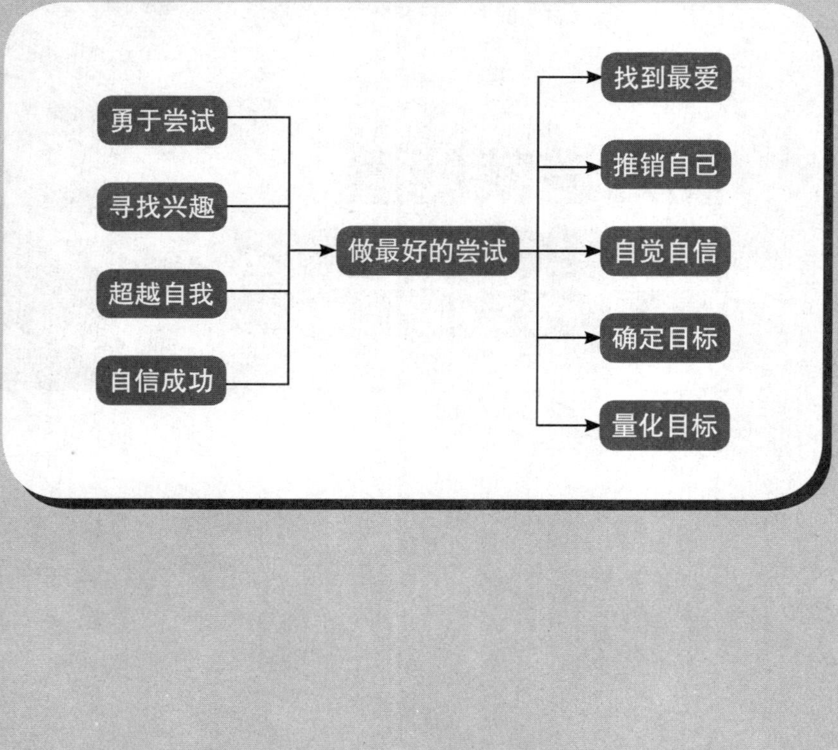

勇于尝试
寻找兴趣
超越自我
自信成功
做最好的尝试
找到最爱
推销自己
自觉自信
确定目标
量化目标

唯有尝试才能找到最爱

唯有接触你才能尝试，唯有尝试你才能找到你的最爱。

那些敢于去尝试的人一定是聪明人，只有那些不敢尝试的人才是绝对的失败者。希望各位同学尽力开拓自己的视野，不但能从中得到教益，而且也能找到自己的兴趣所在。

怎样能知道自己的兴趣？第一，回想做什么事情让你感觉有最大的喜悦，感觉做起来简直不是工作，是在玩；第二，多去尝试一些事情，看看能否找到有兴趣的；第三，就算不知道兴趣，也不要浪费时间去做自己痛恨的事情；第四，寻找兴趣时，还是要做好该做的事情才有资格去做想做的事。

——2013年9月24日创新工场董事长兼CEO李开复新浪微博

最大的兴趣就是使影响力最大化

真正的兴趣应该发自内心。遵从内心的选择，才会寻找到真正的兴趣所在。不过，找到自己真正的兴趣并不容易，有时还要经过许多的反复和挫折。而且，一个人的兴趣会有很多，但是其中影响到你未来职业走向的兴趣，只有几个选择。

在一次访谈中，李开复谈到自己的兴趣时说："我有许多兴趣和爱好，如语音识别、多媒体、管理学、演讲和写作等，但是我最大的兴趣和爱好始终只有一个，那就是使影响力最大化。"

提及自己对职业兴趣的选择，李开复认为受父亲的影响较大。在他的印象里，父亲平时是个不苟言笑的人，直到一次李开复见到了父亲最喜爱的两个学生，他才知道父亲对于工作是多么热爱。这两位学生告诉李开复："李老师见到我们时总是眉开眼笑，他为了让学生们更喜爱所选的学科，常带着学生去他们最喜欢的餐馆里边吃边讨论。李老师在我们身上花费的精力和金钱，远远超过了他的年龄和收入所能付出的。"李开复的父亲是在70岁高龄，经过从军、从政、写作等职业后才找到他的最爱——教学。他过世后，还留下了两句勉励后人的话："老牛明知夕阳短，不用扬鞭自奋蹄。"

从李开复父亲的这两句话中，我们能看到兴趣在人身上会产生多大的影响，他的经验不仅留给了李开复，也值得年轻人学习。

船停泊在港湾里是安全的，但船的用途却不该止于此。人的一生会接触很多东西，如果没有兴趣引领的话，你就不会知道自己该选择哪条路最适合。人生在世，就是要去体验，只有视野开阔了，才有机会找到自己愿意付出所有精力的事业，尝试才能找到最爱。

世界天才的广泛爱好

许多伟大人物的爱好都很广泛，而且在很多方面都颇有造诣，其中比较典型的是达·芬奇。

达·芬奇是整个欧洲文艺复兴时期最杰出的代表人物之一。他是一位思想深邃、学识渊博、多才多艺的绘画大师、工程师和发明家。达·芬奇在多个领域里取得了令人难以想象的成就。在天文学方面，他早于哥白尼提出"太阳中心说"；在物理学方面，他发现了连通器原理、惯性原理，并且发展了杠杆原理，预示了物质的原子原理；在解剖学和生理学方面，他被认为是近代生理解剖学的始祖，他掌握了人体解剖知识，发现了血液的功能，比英国的哈维更早地发现了心脏的结构；在军事和机械方面，他绘有大量的设计草图，包括飞行机械、降落伞、机关枪、手榴弹、坦克、起重机、潜水艇，等等。

达·芬奇少年时就表现出惊人的天赋，他的歌唱得很好，还爱好各种体育运动，曾力挽狂奔之马。达·芬奇爱好颇多，但在众多的兴趣中，让他无法停止下来的只有绘画，绘画在他心目中的地位是无与伦比的。他把绘画当作毕生的爱好，每日放学回家就立刻拿起画笔，时常忘记了吃饭，完全沉浸在绘画中。他在绘画上投入了超乎寻常的热情。

达·芬奇画鸡蛋的故事想必大家都熟悉：14岁时他被父亲带到佛罗伦萨，师从著名的艺术家委罗基奥。在这里，达·芬奇苦练绘画基础，单单是画鸡蛋，他就从各种角度画了足有3年。与此同时，他还结交了许多艺术家，通过探讨绘画作品，逐渐提高了对绘画真谛的认识，终成一代艺术大师。

达·芬奇的成就我们难以想象，李开复的高度也是我们大多数人难以企及的。他们都是多面手，但都在自己选择的领域里功成名就。兴趣，是兴趣指引着他们的方向，年轻人也该如此。

成功，从某种角度来说就是探索的艺术。在探索的路上，若是能看清自身的条件和特长，找到自己真正的兴趣所在，也就等于找到一双合脚的鞋子，走起路来自然会轻松。不要局限，也不要封闭，真正的兴趣不是罐子里堆放的鹅卵石，而是在一次次的碰撞中才出现的火花。记住李开复的这句话，“唯有接触你才能尝试，唯有尝试你才能找到你的最爱”。

职/场/圣/经

◎ 如何通过尝试找到自己的兴趣

【1】**通过媒体**。现代社会资讯发达，接触新事物的机会也多了起来，通过网络、电视、报纸等媒体，选择其中感兴趣的部分，找到与工作和创业相关的兴趣，或者寻找有助于工作和创业的部分。

【2】**从生活圈子里发现**。注意身边的朋友、同事，看看彼此间都有哪些爱好。也许其中就有共同的爱好，也许在关注他们的爱好的同时，也会寻找到自己的爱好。

【3】**挖掘自身**。从自身来看，曾经有过很多爱好的我们，如今背负的往

往只有工作和压力。拾回曾经的爱好，其中必定有匹配你才华的兴趣；或者重新寻找，看自己最关注的是哪方面，以及向往哪种生活，画出几个圈子，其中重叠的部分就是兴趣和现实的结合点。

不敢尝试的人是绝对的失败者

成功总有运气的成分，但是首先要有勇气去尝试，这样，当运气来临时，你才能够抓住机遇。如果没有勇气，不敢去尝试，你永远都不会拥有任何机会。

那些敢于去尝试的人一定是聪明人，他们不会输，因为他们即使不成功，也能从中得到教训。而只有那些不敢尝试的人，才是绝对的失败者。所以，你要尽力开拓自己的视野，不但能从中得到教益，而且也能找到自己的兴趣所在。

——2013年4月12日创新工场董事长兼CEO李开复新浪微博

少年班同学的迥异结局

勇气，是每个成功者都具有的品质。谈到勇气，李开复告诉年轻人，要敢于挑战，才能抓住机遇。他提到曾经的同事，如今的微软全球副总裁张亚勤，他和自己一样有着不畏失败、勇于尝试的精神。

张亚勤少年时曾被选入中国科技大学的少年班，但在当时，他们那一期学员里，最为知名的是神童宁铂。20多年过去了，宁铂悄悄地隐没在寻常人群中，而当年看来普通的张亚勤却蜚声海内外。

这是为什么呢？两人最显著的区别在于对待挑战的态度不同。张亚勤在面临挑战时勇于进取，而宁铂则是难以承受，甚至没有坚持探索自己爱好的领域。大学毕业后，宁铂迫切希望报考研究生，却再三地放弃了自己的目标。第一次是在报名之后，第二次是在体检之后，第三次则是在即将进入考场的前一刻。

后来，这批学员都为他惋惜。张亚勤曾有过这样的话：“他的智商很高，成绩也很优秀，可惜他没有进考场，这不是智商的问题，而是一念之间的事情。宁铂多了一些顾虑，少了一些挑战的勇气。”

为此，李开复不止一次地告诫年轻人：“成功总有运气的成分，但是首先要有勇气去尝试，这样，当运气来临时，你才能够抓住机遇。如果没有勇气，不敢去尝试，你永远都不会拥有任何机会。”

从幼年到少年，从少年到青年，将来还要步入壮年，我们要承担种种责任，也总会有老去的一天。想象着你已是白发苍苍的时候，回顾曾经历的一幕幕，会不会感觉某件事或者某一时刻里，自己缺失勇气而懊恼至今呢？有太多的事情，只有做过才知道，单纯地想是没有作用的，得有勇气去尝试，去践行。

对于年轻人来说，年轻并不只是代表缺乏经验，同样也意味着你有更多的机会犯错和学习，会有更积极向上的态度去面对工作、面对生活，也应该有更多的勇气探索新的、感兴趣的领域。

在这个充满挑战的时代里，勇气带来的力量尤为重要。有勇气的人，在推动自己进步的同时，也会得到机会的眷顾，因为勇气契合着机会。反之，一个怯懦、缺乏勇气的人，永远也无法体会成功者的壮志豪情。

“1美元购买豪华别墅”

有一个1美元的故事，说的就是这个道理。故事发生在美国。有一天，一份报纸刊登了这样一则醒目的广告：“1美元购买豪华别墅。”一个年轻人看到广告后感到不可思议，但是，他仍然揣着1美元，去报纸上公布的地址“报到”。

年轻人来到地址所在地，眼前果然是一栋别墅，他随即来到门前敲门。一位美丽的少妇为他开了门，并把他引到家里，说：“就是这栋房子。我等了一个星期，终于等到有人来。”年轻人感到有些狐疑，只是“哦哦”地应着少妇的话。

接着，年轻人给了少妇1美元，没想到一天之后手续就办完了——少妇真的把别墅卖给了他。事情完毕后，这个年轻人终于按捺不住心中的好奇，问道："太太，您能告诉我这是为什么吗？"

少妇叹了口气，回答道："实话告诉你吧，我丈夫不久前死了，他把所有的家产留给了我，但是却把这栋别墅留给了他的情妇。遗嘱里，他把别墅的拍卖权交给我，所得款项归他的情妇，为了惩罚那个女人，我决定1美元卖掉别墅。"

年轻人恍然大悟。后来，朋友们来到年轻人的新房子里聚会，好奇地问起来，年轻人就把事情的经过告诉他们。听完他的叙述后，朋友们都失声尖叫："上帝啊，10天前我也看过那则广告，我本以为是开玩笑的。"

故事或许有些荒谬，但包含的意味却值得我们品鉴。要知道，生活或许会同我们开些玩笑，但是生活本身不是玩笑，工作也如此，一个敢尝试、敢拼搏的人，就会有更多的机会。

让怯懦带走原本属于你的机遇？让等待消磨你将来的成就？不，这不应该，年轻人应该有不畏失败的勇气，要记得歌德的一句话："你若失去了财产，你只失去了一点儿；你若失去了荣誉，你就丢掉了许多；你若失去了勇敢，你就把一切都丢掉了。"

身在职场的我们不要害怕尝试，只有尝试了才有机会成功，如果不能成功，那么，它也是一次教训、一次积累，可以避免以后犯同类的错误。

职/场/圣/经

◎ 如何赶走怯懦

【1】感觉畏惧的时候，就去做让你畏惧的事情，你就不会再产生畏惧的感觉。关键是要去做，而不是让自己沉湎于对这件事情的想象之中，想象会把恐惧和困难都放大。

【2】不要把忧虑和惧怕隐藏在心中。有很多人在感到忧虑和怯懦时，

总是把想法藏在心底，不肯坦白说出来。其实，内心有烦闷，应该尽量说出来，这样有助于恢复头脑的清醒，把不必要的忧虑除去。

【3】小心诉苦。不要轻易在别人面前诉苦，如果心中有什么苦闷，找要好的亲朋诉说。但是要把握尺度，过多地在别人面前诉苦，别人会感觉你在博取同情，你的挫折感和失落感也会被放大。这样你会更加不敢面对这些人。

寻找兴趣点=开拓视野+接触多领域

兴趣产生激情，激情带来快乐。如果你对一个领域有激情，你就可以为它废寝忘食，甚至可以在睡觉时因为想到一个好主意而一跃而起。毫无疑问，你会在这个“享受”的过程中获得成功。

最好的寻找兴趣点的方法是开拓自己的视野，接触众多的领域。唯有接触你才能尝试，唯有尝试你才能找到自己的最爱。

当年，如果我只是乖乖地到法律系上课，而不去尝试旁听计算机系的课程，我就不会去计算机中心打工，也不去找计算机系的助教切磋，就更不会发现自己对计算机的浓厚兴趣。

——2005年2月微软公司全球副总裁李开复给中国学生的第四封信《大学四年应是这样度过》

“疯狂程序员”是如何炼成的

如果说激情是成功的动力，那么兴趣就是点燃激情的火种。通向成功的路上，激情应该是长久的，能持续不断提供动力，这种激情必定来源于内心，内心里兴趣的引领，才是激情长久不灭的原因。

关于兴趣、激情与成功之间的关系，李开复认为，找到自己真正的兴趣，并不是一件容易的事，可能还要经过许多波折和反复。不过，一旦发现了兴趣所在，在激情的推动下，每个人都可以走向成功。这一点，李开复自身的经历足以验证。

李开复在读高中时一直想做个数学家，刚进大学时又想做一名出色的政治家或者律师，可到大二时李开复逐渐发现，自己并不是发自内心地热爱数学和政治，在学习数学和政治时，学习成绩也只能排在中游。与此同时，他发现自己真正的兴趣所在，就是计算机。他每天疯狂地编程，很快引起了老师和同学的注意。

终于，在大二的一天，李开复下定决心，放弃此前一年多在全美前三名的哥伦比亚大学法律系已经修完的学分，转入哥伦比亚大学计算机系。李开复身边的朋友都对他说，改变专业需要很大的代价，但李开复坚持自己的决定，他认为在一个没有兴趣的领域做一份没有激情的工作，将会付出更大的代价。

面对当初的选择，李开复不无感慨地说："如果不是追随兴趣，做了那个选择，今天的我就不会在计算机领域取得这样的成就；如果不是追随兴趣，做了那个选择，今天的我很可能只是美国某个小镇上一名既不成功也不快乐的律师。"

如今的李开复，是计算机领域的专家，也是职业经理人的典范，就如同他自己所说，正是当初他发现了自己的兴趣所在，投身到这个令他充满激情的行业中去，才有了今日的成就。我们不能断言，如果李开复当初继续读完法律系，今天他能达到什么高度。但我们清楚，一个人在没有兴趣的行业里工作，在提不起精神的状态下，即使再有才能，也不会突破自己的能力，达到个人的极限高度。

爱吃苹果爱玩电脑的亿万富翁

因兴趣而产生激情，因激情而持续奋斗，因奋斗而走向成功，成功的路大抵如此。这里有另外一个计算机领域名人的故事：

乔布斯是一个典型的美国式英雄，他创造了"苹果"，可以说，他改变了一个时代。

乔布斯小时候生活在硅谷附近，邻居大多是惠普公司的职员。在这些人的影响下，乔布斯自小就对电子学十分痴迷。他对电子学的迷恋，被一位惠普的工程师发现，这位工程师推荐他参加惠普公司的“发现者俱乐部”，在这里，他第一次见到电脑，从此对电脑产生了浓厚的兴趣。

上初中时，乔布斯依旧没有中断研究电脑，他和学校电子俱乐部的会长沃兹一见如故，通过资料研究电子计算机。

19岁那年，乔布斯离开大学，选择进入雅达利电视游戏机公司。在这里他和电子系统有了更多的接触。他常常与沃兹在自家的小车库里琢磨电脑，那时候他俩最大的梦想就是能够拥有一台属于自己的计算机。可当时市面上计算机价格昂贵，于是他们决定自己开发电脑。

1976年，乔布斯和沃兹在买到摩托罗拉出品的电脑芯片之后，仅仅几个星期，他们就组装好了一台电脑。乔布斯的朋友都来观看他的创举，但他们都远远低估了这个创举的伟大之处，更不会有人想到这个其貌不扬的东西就是世界上第一台个人电脑，并给以后的世界带来多大的影响。但是乔布斯有着精明的商业头脑，他看出这种自制电脑的市场价值，于是四处筹集资金。就在愚人节那天，乔布斯、沃兹及乔布斯的朋友龙·韦恩做了一件足以记录在电脑发展史上的事情：他们三人签署了一份合同，成立一家电脑公司。公司的名称就叫苹果计算机公司（因为乔布斯爱吃苹果）。

后来的事情想必大家都清楚，苹果计算机公司度过几个月的艰难时光之后，迎来了第一笔投资。从此，苹果计算机公司一炮而红，逐渐发展成为计算机业的巨头。而且，年仅25岁的乔布斯也在他的公司上市那一天，成为亿万富翁。

在李开复和乔布斯的经历中，我们可以清楚地看到从兴趣到激情、从激情再到成功的轨迹。在他们的行动中，都能看到兴趣燃烧起来的熊熊火焰，每一个举动都是为了达成自己的目标，充满激情地一步步走着，有意无意间，成功就来到了他们身边。

这就是年轻人要做的。年轻代表了更多的选择，却不能被选择混淆了视线。找到自己真正的兴趣，然后要做的就是点燃它，并且不让它熄灭，这是通往成功的崎岖山路上必须具备的火把。

职/场/圣/经

◎ 如何找到自己的兴趣

【1】**问自己几个问题**。对于某件事，你是否十分渴望重复它，是不是能快乐地、成功地完成它？你以前是不是一直向往它？你是不是总能很快地学习它？它是不是总能让你满足？你是否由衷地从心里喜爱它？你的人生中最快乐的事情是不是和它有关？当我们这样问自己时，注意不要把我们父母的期望、社会的价值观和朋友的影响融入我们的答案中。

【2】**交流**。主动了解不同的行业、专业和岗位，然后从中挑选你所感兴趣的。我们可以通过网络、讲座、活动、朋友交流等方式寻找兴趣爱好类似的朋友。

【3】**多尝试**。只有那些不敢尝试的人，才是绝对的失败者。我们要尽力开拓自己的视野，这样不但能从中得到教益，也能找到自己的兴趣所在。

勇于迎接挑战，实现超越自我

成功者需要有足够的勇气来面对挑战。任何事业上的成就都不是轻易可以取得的。一个人想要在工作中出类拔萃，就必须面对各种各样的艰难险阻，必须正视事业上的挫折和失败。只有那些有勇气正视现实，有勇气迎接挑战的人才能真正实现超越自我的目标，达到卓越的境界。

——2003年12月李开复所撰文《从优秀到卓越》

学英语，更要学美国

从台湾到美国，从价值观相对保守的传统文化到开放式的文化环境，李开复12岁踏上了异乡的土地。在美国田纳西州，他体会到文化之间的冲突，语言的障碍是他当时面对的真实而又无奈的难题。开始的时候，老师和同学说的话，他几乎一句都听不懂，无力的感觉使他有些无所适从。

可是，他没有失去信心。看到自己的不足，他就憋足了劲儿在课后苦练英语，从简单的课文开始，这样坚持了一年，李开复的英语水平迅速提高。

又过了一年，李开复已经能完全听懂老师说的话，可以从容地用英语对话和交流了，可是他依旧没有停止努力，每夜苦读，坚持和同学多交流对话。初时，李开复的作文《模式——新世纪美国最大的敌人》在田纳西州的一次作文比赛里进入前十名，只因为答辩中对一位在美国权益保护历史中颇有影响的人物不了解，最终与第一名失之交臂。

谈到这段经历，李开复有着深刻的认识——掌握一门语言，远远不只是会说当地的语言，了解当地的风俗，更要对这门语言的历史和这个国家的体制有深入的理解。

李开复从开始难以用英语和人交流，到后来可以熟练地对话，并得到大家的认同，这个过程是很艰辛的。他认识到自己的不足，通过学习，逐渐追赶上美国同学。之后，他也没有因为自己的一点儿成绩而满足，继续挖掘学习之后的内在东西。

这种不自满、永远追求进步的态度，深刻地影响着他的人生。这种态度，也是身在职场的年轻人需要学习的。像李开复一样的成功人士，正是怀着永不满足、不断追求的精神，经过坎坷，走过泥泞，才爬到顶端，成为人们关注和学习的目标。

老医师的奋斗

有一个人，很想去医学院读书，可是年纪偏大是他必须面对的问题。一次他对朋友抱怨："我想去学医，可我已经40岁了，再过4年，就44岁了，我能做到吗？"朋友看着他，平静地说："你不学医，再过4年，你依旧是44岁。"朋友的话使他顿悟，他第二天就去报名了。

4年后，他如愿以偿，获得医师资格。他达到了之前的目标，却没有止步。之后，他在医院更勤奋努力，天天早出晚归，研究各种病历和病人实际的状况，获得了大家的好评和赞赏。几年后，他成为医院的留学考察人员，通过学习和实践，他终于成为一名国内知名的医师。

这位医师的经历对年轻人更具有可复制性。我们做事常有许多限制，不仅是在工作里，更多的是在自己心中。科学家做过一个有趣的实验：他们把跳蚤放在桌子上，上面扣上玻璃罩，跳蚤跳跃时碰到了玻璃罩，连续多次以后，跳蚤就会改变跳跃高度。接下来，科学家慢慢降低玻璃罩的高度，随着玻璃罩高度的下降，跳蚤也越跳越低。最后，玻璃罩放到接近桌面的高度，这时跳蚤已经只会爬了。这就是一种自我设限，给自己的潜能和行动上了锁。

其实，每个人都渴求成功。美国哲学家约翰·杜威认为，人类本质里最深远的驱策力是“希望自己有重要性”。追求成功是人的本能，不要因为自满而忘记了内心所指引的方向。

当我们在工作中因为取得小小成就而沾沾自喜时，不妨深刻反省一下自己，是不是应该树立更高的目标，是不是应该有更好的追求，是不是要不断前进……忘记“还不错”“可以”“就这样”之类的话，永不满足，渴求下一次的成功和飞跃。你，将做得更好。

职／场／圣／经

◎ 如何克服自满情绪

【1】**坚定你的目标**。成功始于心动，成功的前提在于选择一个成功的目标。设定一个长远的可以终生为之努力的目标，然后把它详细地分为几个或者十几个阶段。把你的目标记录在书上、笔记本上、电脑里，最关键的是记在脑子里，然后一步步完成它。

【2】**换位思考**。经常换换角度，站在别人的立场上去思考，不要只是看到自己优势的一面。在自满情绪滋生的时候，就看看周围，还有许多走得比你快位置比你高的人，要把眼光放远一些。

【3】**挖掘自己的内心**。看着镜子里的你，对自己说：“我超越自我了吗？”时常挖掘自己内心的想法，不仅拿自己和更高的人比，而且拿从前的自己和现在的自己比较，看是否有超越；还要看自己又失去了些什么，哪里还有欠缺。

自信就是相信自己能够成功

自信是一种感觉，你没有办法用背书的方法“学习”自信，而唯一靠“学习”提升自信的方法是以实例“训练”你的大脑。要得到自信，你必须成为自己最好的啦啦队。每晚入睡前不妨想想：今天发生了什么值得你自豪的事情？你得到了好的成绩吗？你帮助了别人吗？有什么超出了你的期望吗？有谁夸奖了你吗？我相信每个人每天都可以找到一件成功的事情，你会慢慢发现，这些“小成功”可能会越来越有意义。

自信就是相信自己能够成功，并因此形成坦然面对一切艰难险阻的心理状态。自信是对自身能力的正面评估，是一种健康的、积极的个人品质，是成功的关键。

——2004年5月李开复所撰文《自信的第一步》

离开微软总部

“天生我材必有用，千金散尽还复来。”一个人就应该有这样的自信，去面对种种挑战。在生活和工作中，自信就是通向成功的钥匙。

自信的人快乐，因为他有勇气接受成功和失败；自信的人相信自己，也相信他人，在他人的回应中保持更积极的态度；自信的人敢于探索新的领域，在检验自己才华时绝不畏缩，勇于接受更多的挑战，也拥有更多的机会。

“自信就是相信自己能够成功，并因此形成坦然面对一切艰难险阻的心理状态。自信是对自身能力的正面评估，是一种健康的、积极的个人品质，是成功的关键。”这是李开复对年轻人的指点，也是他亲历亲为得出的成功准则。

1998年夏天，李开复着手建立微软中国研究院，他需要说服一些专家一起开创新天地，可是，会有人愿意离开微软总部，从零开始吗?

李开复清楚地知道，这几乎是一个不可能完成的任务。好几次，当李开复说要在中国做一个“世界一流的研究院”时，很多人毫不留情地显露出不屑，也有一些人劝他打消回国的念头：“别回去了！回去了这件事也很难成功！”“中国哪能找到那么多高水平的博士啊！你得一个个地教他们，到时候你就知道压力有多大了！”同事们都觉得李开复太理想化，注定要失败。

否定没有压垮李开复，创造奇迹的渴望在他心里如同藤蔓一般蔓延，他不停地往微软总部跑，打听哪些人有回国的意向，然后约见华裔工程师，和他们一一详谈在中国开创研究院的计划。李开复遭遇了许多次拒绝和打击，每次他都告诉自己：“你是对的！”“你一定能打造出亚洲最好、世界知名的研究院！”结果，李开复终于找到志同道合的人，一同打造出后来被比尔·盖茨盛赞、世界最火的“微软中国研究院”。

再看李开复的这段经历，正是自信支撑住了他的理想。可以想象，如果换作一个没有自信的人，在面临各种否定和打击之下，是不会像李开复一样坚持下去的，也不会收获成功。

生活中难免有磕磕绊绊，工作上一帆风顺的人也不见得会有几个，有的人面对困难就退缩，有的人却能在面临危机时镇定自若。自信，不仅是一个人的内在素质，更影响到你处事的态度和积极性。公司里，领导若不自信的话，决策容易动摇；管理者若不自信的话，团队会散乱没效率；员工若不自信的话，工作效率难以保障，执行力低，个人也难有事业突破。所以，说自信是成功的关键。

带着自信的袜子前行

圣诞节晚上的11点多，街上只有匆忙回家的人。送走了最后一位来鞋店购物的顾客后，史密斯夫妇就要关店打烊。正当史密斯先生把门板装上的时候，他忽然透过玻璃发现一双孩子的眼睛。这大概是一个捡煤屑的穷苦孩子，看上去有八九岁，身子单薄，衣衫褴褛，脚上拖着一双极不合脚的大鞋子，鞋子上满是煤灰，而且已经破烂不堪。孩子看见史密斯先生走近，连忙把目光从橱窗里的鞋子上移开，盯着史密斯先生，眼里满是希冀。

史密斯先生和蔼地问他："圣诞快乐，请问我能帮到你什么吗？"男孩没作声，打量着店里的鞋子，好半天才应道："我在祈求上帝给我一双鞋子作为圣诞礼物，先生，您能帮我把这个愿望转告他吗？"这时史密斯夫人走了过来，仔细端详着男孩，然后把丈夫拉到一旁说："这可怜的孩子，我们还是满足他的愿望吧。"史密斯先生却摇了摇头："不，他需要的不是一双鞋。你去把我们最好的棉袜拿来一双，然后端来一盆温水，好吗？"史密斯夫人满脸疑惑地走开了。

史密斯先生来到孩子身边，告诉他说："可爱的孩子，我已经把你的想法转告给上帝，马上就会有上帝的指示了。"孩子脸上露出满足的笑容。水端来了，史密斯先生拿了张小凳子给男孩坐，然后脱去孩子破旧的鞋子，把孩子冻得发紫的双脚放进温水里，语重心长地说："孩子，你要一双鞋子的要求，上帝没有答应，他说不能给你一双鞋子，而该给你一双袜子。"男孩愣住了，眼神里充满不解。

史密斯先生连忙补充道："别急，孩子，听我说完。上帝不会给予我们现成的好事，就像每个人都追求宝藏，上帝只能给予我们一把铁锹和一张藏宝图一样，想获得宝藏，就需要我们亲自去挖掘，关键是你要坚信自己能办到。自信了，前途才会一片光明。带着自信，带着这双袜子，有一天你也会成功的。"

男孩若有所思，他接过史密斯夫妇手中的袜子，迈出店门。没走多远，他又回头望着这家鞋店，史密斯夫妇正站在门口向他挥手："孩子，记着上帝的话，你会成功的！”男孩一边点着头，一边消失在夜色里。

一晃30多年过去，又一个圣诞节的早上，年逾古稀的史密斯夫妇收到一封来自陌生人的信，信中写道：“尊敬的先生和夫人，不知道你们是否还记得30多年前的那个圣诞夜，有一个捡煤屑的小男孩，你们赠与他一双袜子和一番比黄金还贵重的话。正是这双袜子激活了他的自信和不屈！衷心地感谢你们，善良又智慧的先生和夫人，他拿着你们给的袜子找到了他宝贵的鞋子——当上了美国第一位总统，我就是那个小孩，乔治·华盛顿。”

看，自信就是这么重要。所以，给自己一颗充满自信的心，相信自己，你就能成功。我们在职场上生存最重要的一点，就是要对自己有信心，尤其是面对困难时。如果我们有这份自信，就会坚持做我们认为对的事情，而很多事情往往是因为坚持到底才会成功。

职/场/圣/经

◎ 怎样锻炼自己的自信力

【1】**练习当众发言**。尽量多发言，就会增加信心。不论是参加什么性质的会议，每次都要主动发言。有许多原本木讷的人，都是通过练习当众讲话而变得自信起来的，如德摩斯梯尼、萧伯纳、田中角荣等。因为当众发言是信心的“维生素”。

【2】**睁开眼睛，正视别人**。正视别人等于告诉对方：“我是诚实的、光明正大的；我非常尊重你、喜欢你。”正视别人是积极心态的反映，是自信的象征，更是个人魅力的展示。

【3】**昂首挺胸，阔步疾行**。许多心理学家认为，人们行走的姿势、步伐与其心理状态有一定关系。通过改变行走的姿势与速度，有助于心境的调整，有助于表现出超凡的信心。

【4】**充分发挥肢体语言**。我们的身体姿态、动作、表情可以向人们传递信息，往往也会透露出你现在的精神状态。一个自信的人，肢体动作和表情一定要有力、坚定，给人以不可征服的感觉。

没有自觉的自信会成为自傲

自信的人敢于尝试新的领域，能更快地发现自己的兴趣和才华，更容易获得成功。自信的人也更快乐，因为他不会时刻担心和提防失败。

很多人认为自信就是成功。一个学生总得第一名，他有了自信。一个员工总是被提升，他也有了自信。但这只是一元化的成功和一元化的自信。

其实，自信不一定都是好事。没有自觉的自信会成为自傲，反而会失去别人的尊重和信赖。好的自信是自觉的，即很清楚自己能做什么，不能做什么。自觉的人自信时，他成功的概率非常大；自觉的人不自信时，他仍可努力尝试，但会将风险坦诚地告诉别人。自觉的人不需要靠成功来增强自信，也不会因失败而丧失自信。

——2004年5月李开复所撰文《自信是自觉而非自傲》

刷完108个瓶子之后……

人，生而平等。也许所处环境不同，但每个人都有自己的特点和长处，每个人都有尚未挖掘出的潜力和特质。所以，如果努力发现和发挥这些潜能，每个人都可以取得成功。

李开复在一次访谈中讲述了这样一个故事。故事的主人公是微软亚洲研究院的主任研究员周明。

周明拥有无数重要的研究成果，是计算机自然语言处理领域最有才华的科学家之一，但是在周明心中最珍贵的成就并不是自己的某一个发明，而是他小时候“学工劳动日”里刷的108个瓶子。对他来说，正是自己刷瓶子破了纪录，取得自信，才一步步走向成功的。

小时候的周明是个自卑的孩子。因为家里条件一般，在学校常常被人欺负。那时候的周明似乎永远直不起腰，但他内心依旧燃烧着对成功的渴望。

机会出现在“学工劳动日”，这天，老师带着全班同学来到食品厂。这个工厂生产的是一种水果罐头，但由于设备简陋，每天需要用手工清洗成千上万个罐头瓶子。周明和同学就是来做这个清洗工作的。要清洗的瓶子都是回收来的，很脏，有的还有缺口，不小心就会划破手。老师为了鼓舞孩子们的干劲，宣布开展竞赛，看哪位同学刷得最多。

周明听了老师的话，感觉热情涌动，他还从来没有得到过第一，他下定决心，一定要得到第一。周明很快就学会了整个清洗工序，他非常认真地刷完一个又一个，尽管手已经被水泡得泛起白皮，他依旧继续刷着，一天都没有停下来。结果他刷了108个，不仅是班级里最多的，也打破了历年来“学工劳动日”刷瓶子的纪录。

这件事已经整整过去了30年，但周明谈起这件事来依旧感慨不已。他说：“我原本没有自信，可是这件事后，我相信自己能做好。也就是从那天起，我知道无论是什么事情，只要我肯做，就一定可以做好。那一瞬间值得我一生回忆，也是我获得自信和成功的起点。”

就像这个故事的主人公一样，我们或多或少会有些怯懦，有些犹豫，其实这都是没有自信的表现。这时最需要的就是肯定自己，你总会做对做好一些事情，而这些小成功就是信心的来源。

信心起于微末，成功也起于微末。在小事里积累自己对成功的渴望，逐步建立自信，随后你会发现，自己的态度变得积极了，周围的色彩也变得丰富起来。而且无论多么小的成功，都会激起下一次积极追求的渴望，就像是滚雪球，让自信在一次次的成功中膨胀起来。当然，自信也不能无限制地膨胀，要保证对自我有清醒认识的情况下，让自信成长起来，这一点年轻人要尤为注意。

如何排脱“难民心理”

人生际遇的改变往往只有一两次机会，也许这个机会表面上看作用并不大，但可能会产生一系列连锁反应，推动你前进的步伐。

保罗是美国著名的新闻记者，访问过的政要和富豪不计其数。但他的童年却并不那么愉快。保罗6岁时以难民身份来到美国。开始的时候，他因为不会说英语而深感痛苦，也时常受到同学的嘲讽，每次他不是与同学大打出手，就是转身逃避。结果养成了他后来提到的“难民心理”，这种心理会形成一种心理暗示，容易让他产生诸如此类的想法“不要破坏现状”“到了人家这里就该知足”“好东西轮不到你”等。

后来，在一次夏令营活动中，他的命运有了很大的转折。“他们要我担任营地里最有地位的职务——活动指导员，因为我具备必要的资格，”保罗说，“这时，我仍旧听到内心的声音在提醒自己：这种事情轮不到你，你不是第一流的人。可是，转瞬之间，我觉得自己应该尝试一下，这件事情做好了，我就能成为一个‘更高级别’的人。从此，我相信我比自己想象的要伟大。”

这次夏令营活动，保罗干得很出色。之后，他参加了校篮球队，成为全校的体育明星，并因此当选为学生会主席，从此开始了他辉煌的人生。

故事里主人公的经历与李开复的同事周明如出一辙，一两次微小的成功，推动了一个人一生的发展和追求。任何事情都是一点一滴积累起来的，你要做的就是保持积极的态度，然后抓住一两次成功的机会，不论大小，对着自己说“我能行”。

在职场中也是如此，一个任务的出色完成，一句上级的褒奖，一个纪录的打破，等等，都能成为我们自信的开始，善于抓住一点一滴的成功来培养自己的自信，是职场中人必须学习的。

职/场/圣/经

◎ 怎样提高自信心

【1】**做好充分的准备，为树立自信打下基础**。在每做一件事情之前，都应该做好充分的准备，为自己取得成功提供可能。而每一次成功又成为胆小退缩的人尝试下一个任务的动力，从而形成一个良性循环，最终使自己越来越自信，越来越敢于尝试新东西，迎接更多的挑战，为自己争取更多的发展机遇。

【2】**突出自己，挑前排的位置坐**。在各种形式的聚会中，不要躲在后面，而是坐在前面，这样就能建立信心。因为敢于将自己置于众目睽睽之下，就必须有足够的勇气和胆量；另外，坐在显眼的位置，也可以起到强化自己的作用。

【3】**成功记录法**。把某一件自己认为做得满意的事情记录下来，时时告诉自己："这件事情我都能完成得很好，那么别的事我一样能做好！"

人生目标源自心灵深处

只有确定了目标，才可以在该目标的指引下，果断地做出人生的重大决定，沿着自己的成功之路稳步前行。

确定人生目标时的五个标准：第一，有价值——好的理想应该是对世界有价值的；第二，尽量摆脱名利羁绊；第三，能够成为自己的智囊，在面临重要决定时以此为判断依据；第四，可以让自己从心底感动，真正的人生目标在你的心灵深处；第五，既有挑战性又不脱离实际，太容易的目标没有意义，太难的目标会失去勇气。

——2013年8月5日创新工场董事长兼CEO李开复新浪微博

李开复的人生目标

所有的成功人士，都有一个突出的特征，就是对方向的把握性，他们清楚地知道自己的职业目标，李开复也是如此。

有一天，李开复在某网站的聊天室里与网友互动。一个网友对自己的人生和未来有些迷惑，他问李开复："你的目标是什么？"当时，李开复直接地回答说："人生只有一次，我认为最重要的是要有影响力。"

李开复做这个回答毫不犹豫，自大学二年级起，他就一直把"影响力最大化"当作自己的人生目标。因为这个，他放弃了学院里安静的生活，转入职场。他进入职场就是为了把自己的研究转化成产品，而不是作为论文存放在储藏室里；因为这个，他放弃了谷歌的高薪、高待遇，开始自己创业，开设创新工场，帮助更多的中国年轻人发展。正是这种"影响力最大化"的目标，引领他走到今天，他不仅获得了个人的成功，同时也极大地影响了中国的年轻人。

从我们身边看，无论工作时间长短，总有一些人在抱怨，他们觉得工作乏味，甚至有些人质疑自己的能力。其实这些人的困惑来源于他们不知道自己想要什么，也不知道自己的立足点在哪里，他们没有对现实情况进行客观细致的认识，也没有清晰的职业目标。

我们反观那些成功人士， 他们中的很多人起点很低，但是有一点是相同的，就是清楚自己的目标。他们知道自己想要追求什么，在实践里一步步地接近自己的目标，终有一天，他们会达到甚至超越设定的目标。

哈佛毕业生的目标

哈佛大学曾做过一个测试，在一群哈佛毕业生中，挑选一批智力、学历、背景条件都相差无几的学生，对他们未来的职业人生做跟踪访问式的调查，得出的结果是这样的：毕业时，27%的人没有目标，60%的人目标模糊，10%的人有短期的清晰目标，3%的人有着清晰的长远目标。

25年后，这批学生分散在社会各个阶层里。哈佛大学再次对他们进行调查，结果是这样的：3%的人，25年内他们不断朝着自己设定的方向努力，几乎都成为社会各界的成功人士，有些已是行业的领袖。

10%的人，他们的短期目标不断地实现，大多成为各领域里的专业人士，有着较高的声望和社会地位。

60%的人，他们安稳地生活和工作，很少有人有突出的表现，生活在社会中层和下层。

剩余27%的人，他们没有追求目标，生活和工作大多不如意，常常抱怨他人、抱怨公司、抱怨社会。他们没有良好的工作表现，也很少与人交往。

其实，他们之间的差别仅仅在于25年前，他们中的一些人清楚自己将要做什么，一些人不很清楚，另一些人则完全不清楚。

借着这个故事，我们能简单明了地看到，拥有清晰的目标，会对你未来的人生产生重大的影响。当然，现代职场里，影响个人发展的因素越来越多。确定职场目标，还要考虑许多现实因素。李开复设定的目标，是听从内心的声音，而真实影响我们进行职场规划、设定职业目标的因素还有一些，包括地域，职业未来发展前景，公司规模与管理，个人素质和价值观。

年轻人应该立足于现实情况，考虑多方面因素，确定合适的、清晰的职场目标。“无论你能做什么，或梦想做什么，放手去做吧，勇气蕴含着天赋、才能和魅力。”职场漫漫，给自己一个目标，比起茫然无知要容易成功得多。

大仲马说过：“生活没有目标，就像航海没有指南针。”职场沉浮，也如航海一般有起有落，难免会有风浪。海船要开向陆地，需要指南针的指引。人在职场要奔向成功，没有一个清晰的职场目标，就不会有坚实而清晰的足迹。

职／场／圣／经

◎ 怎样给自己设定目标

【1】**先了解自己**。客观地了解你是什么人，应该做什么。评估一下你的特长，能力和兴趣，优势和劣势。然后决定什么样的职位或工作最适合你的兴趣和能力，你很可能会感到吃惊。

【2】**再了解行业**。影响个人发展的因素有很多，包括地域、公司规模、个人素质、行业前景等，了解现实环境。

【3】**结合现实和个人条件**。为自己设定一个清晰的目标，比如要在多少岁时达到怎样的成就。

【4】**列出要达成这个目标的充分理由**。追求目标的动机比目标本身更能产生激励的作用。

【5】**分析你现在的位置，盘点手中的资源**。弄清楚自己该从何处开始，下一步又该怎么走。

制定目标时要了解自己的能力

要想制定精确的目标，就应该客观地评估自己距离目标还有多少差距。如果15年后可以成为最好的自己，那么，“今天的自己”和“15年后的自己”之间有什么差别？找到差距以后，就该努力提高自己，弥补差距，使自己距离目标越来越近。

制定具体目标时必须了解自己的能力。目标设定过高固然不切实际，但目标也不可定得太低。对目标还要做及时的调整：如果超出自己的期望，可以把期望提高；如果未达到自己的期望，可以把期望调低。达成了一个目标后，可以再制定更有挑战性的目标；失败时要坦然接受，认真总结教训。

——2011年6月李开复所撰文《成功就是成为最好的你自己》

“开复剧场”的成功蜕变

俗话说，“望山跑死马”。我们所定的目标往往是在远处，看上去遥不可及。这时候，我们应该冷静下来，分析自己距离目标有多远。知道了具体的差距，也就知道了自己该努力的方向和坚持的程度。

一次，李开复在某高校演讲时，以自己的亲身经验，向同学们讲述他是怎样做差距分析的，然后又是怎样通过差距分析弥补自己不足的。

李开复说，他从小就是一个跟人对话都容易脸红的孩子，上学时上台演讲也会紧张。在他做助教时，给学生们讲课的表现特别差，学生给他取了许多外号，其中有人称呼他是“开复剧场”，嘲讽他讲课像做报告。

为了达成心中的目标，李开复认真分析了自己的演讲水平与理想水平之间的差距，并以此为依据，给自己设定了多个提高演讲和沟通的技巧，以及多个弥补自身不足的具体目标。通过逐一实现这些目标，他的演讲和沟通能力不断增强，和理想中的水平也越来越接近了。

经过两年的努力，他这方面的能力有了质的飞跃，无论是在大学校园还是在商业会议上，无论面对多少观众，无论面对什么阶层的人，李开复都可以恰当地表达出自己的想法，充分地展现出个人的影响力。

李开复的这种差距分析，对年轻人的自我提升无疑是很有帮助的方法。年轻人有着更多的热情和活力，目标往往也会设得很高，有的年轻人初入职场就想要成为亿万富翁。他们不知道目标越高，仰视的角度也会越大，过大的差距会轻易摧毁自己先前定下的目标和计划。

其实，年轻人应该客观地评估自己距离目标的差距，离目标差距最大的地方在哪里，哪些差距是合理的、可弥补的，而哪些差距又是在短时间内难以改变的。分析好差距，也就知道缩短与目标的距离，该从哪里入手最为有效、最为得当。

神奇的目标反推法

下面这个真实的故事，说的就是分析差距的巨大功用。

1976年的冬天，19岁的迈克尔还在休斯敦一家航天实验室工作。这里待遇优厚，但环境沉闷，迈克尔希望自己有所改变，他心中一直有创作音乐的梦想。写歌词不是迈克尔的专长，于是他找到善写歌词的凡尔芮与他一同创作。合作中，凡尔芮了解到迈克尔对音乐的执着以及目前不知如何入手的迷茫，决定帮助他实现梦想。

她问迈克尔：“想象一下，你5年后的生活是什么样子？”迈克尔沉思片刻告诉她：“第一，5年后，我希望自己能有一张唱片在市场上销售；第二，我想住在一个有音乐氛围的地方，能天天和世界一流的音乐人一起工作。”

凡尔芮说：“那么，我们看看你和目标差距有多远？目前，你有固定的工作，音乐创作时间有限。而你要达成梦想，成为一个顶级的音乐人，音乐将是你生活和工作的主要内容，这就是差距所在。

“现在我们把你的目标反推回来。如果第五年你有一张唱片在市场上销售，那么第四年你一定要和一家唱片公司签约。

“第三年你一定要有一首完整的作品，可以拿给很多唱片公司听。

“第二年你一定要有很棒的作品开始录音了。

“第一年你一定要把所有准备录音的作品编好曲，排练好。

“第六个月你就要把那些没有完成的作品修改好，然后逐一筛选。

“第一个月你就要把目前这几首曲子完工。

“第一个礼拜你就要先列出一张清单，排出哪些曲子需要修改，哪些需要完工。

“现在，我们不就知道你下个星期要做什么了吗？”凡尔芮一口气说完。

凡尔芮接着说：“你说你5年后要生活在一个有音乐氛围的地方，然后与一流的音乐人一起工作，对吗？如果第五年你已经与这些人一起工作，那么第四年你应该有一个自己的工作室或录音室。第三年，你可能得先跟这个圈子里的人在一起工作。第二年，你应该搬到纽约或是洛杉矶去住了。”

凡尔芮的一番话，让迈克尔很受益。很快他便辞去了令许多人羡慕的工作，搬到洛杉矶。时隔6年，一位当红歌手诞生了——迈克尔的唱片大卖，一年卖出几千万张，而且他每天都与顶尖的音乐人在一起工作。

正是凡尔芮冷静地分析差距，给迈克尔指出一条可行的通往梦想之路。其实，每个人都有属于自己的目标，也只有自己才明白自己需要什么。

为了达成心中的目标，在不断提升自我的同时，距离目标有多大的差距自己也该最清楚。如果你一时迷茫了，不妨按李开复的指点，看“今天的自己”和“将要达成的自己”差距多大，具体差距在哪里，然后你要做的就是努力提高自己，让自己距离目标越来越近。

职/场/圣/经

◎ 怎样缩短与目标的距离

【1】**列表分析**。选择你要达成的目标，以几年为一个阶段，记录下在相应的阶段里应该达成怎样的目标。

【2】**借助榜样**。寻找到和自己目标接近的榜样人物，看看这些人的奋斗历程，寻找到他们职场升迁的关键点，比较自己和他们在同样的工作时间里，达到的高度有何不同。

【3】**多方面分析**。分析出自己的优势和缺点，看实现目标的过程中，哪个优势会成为最大的助力。同时，也要找出最致命的短板，在日后改正。

目标需要明确，更需要量化

把团队的目标作为自己的目标。团队合作指的是一群有能力、有信念的人在特定的团队中，为了一个共同的目标相互支持、合力奋斗的过程。共同的团队愿景，是团队前进方向和团队向心力的保证。

制定目标的“SMART法则”，管理学大师杜拉克认为好的目标需有五点：第一，S（specific）即明确，不能只是形容和概括；第二，M（measurable）即可衡量，应该是能够量化的；第三，A（attainable）即可达到的，不能是遥不可及的；第四，R（relevant）即结果导向，应与长远目标具有相关性；第五，T（time-based）即有时限的。

——2013年7月26日创新工场董事长兼CEO李开复新浪微博

没有具体数据支持的目标

一个好的团队，必然有着共同的奋斗目标。团队中的每个成员都把团队目标作为自己的目标，才会在奔向这个目标前进的过程中，保持相同的方向，相互支持，从而凝聚团队的向心力。

在李开复的职场生涯中，注重团队合作是极为重要的一环。李开复认为：“现代社会是合作共赢的大环境，只有团队整体的成功才意味着个人的成功，而团队合作最重要的准则之一就是团队内部达成一致的目标。”

关于如何达成一致的目标，李开复直言：“决定共同的目标，最好的办法是让团队成员一起参加目标的选择和确定过程。”在这一点上，李开复有着丰富的经验和深刻的体会。他回忆起多年前的一件事，以说明达成共同目标在团队合作中产生的巨大作用。

那时，李开复刚刚接管一个新的部门，为了提高效率，他在一星期内设计好了未来很长一段日子里团队的工作目标，并且召开会议宣布这个目标。会议效果出乎意料地糟糕，员工们有的无精打采，有的茫然不语，有的则把新定的工作目标批评得一文不值。看到这里，李开复心里有了主意，是自己选择目标太过武断了，没有得到团队成员们的认同。于是李开复对员工们说："很显然，我想得太天真了。现在，让我们重新来过，一起制定出大多数人认可的团队目标。"接着，他当场把计划撕掉，宣布成立三个员工小组，按专业能力分别解决部门面临的三大问题。一个月后，三个小组各自呈上报告，然后李开复和三个组长一起定下最后的目标。这次，员工欣然接受。有趣的是，新的目标和旧的目标相差无几。李开复的助理向他抱怨："我们浪费了一个月的时间，可是又回到了原地。"李开复向助理正色道："并不是这样，之前我选择目标是靠直觉，没有具体数据的支持，无法令员工信服；现在经过一个月的工作，大家都有了信心，他们参与了目标的选定，就会全身心地投入工作。"

李开复的这种做法取得了成功，不仅处理了团队里几个迫切需要解决的问题，而且让团队成员达成了共识，大家共同制定出目标，也调动了成员工作的积极性。

年轻人初进团队时，扮演着接受团队精神的角色——进入一个新的团队中，积极地调整自己，争取做到融自我发展目标于团队愿景之中，把团队的目标当作自己的目标。这样和团队成员有相同的努力方向，话题多了，圈子重叠的部分多了，自然会被团队所接纳，成为团队真正意义上的成员。

经过一段时间的打磨，许多年轻人已经成为团队的领导者。无论团队大小，领导者都要在团队中达成相当的共识，这样团队内部才不会有无谓的内耗，更不会因为各自的努力方向不同，而造成团队发展停滞不前的局面。

“橡胶大王”的午餐时间

台湾“橡胶大王”王永庆十分注意与企业的成员达成共识。他经常利用午餐时间，与企业团队的干部交换意见，经常向这些团队干部提问，审视他们是否与企业文化和下属达成了真正的共识。一旦发现分歧，他就会及时想办法来进行相应的磨合。

在王永庆的管理观念中，首先，他希望与企业团队的成员达成共识，这样才能减少分歧出现，避免内耗；其次，他要求团队成员在工作中不断寻求改善，虽不提出最高最具体的要求，但始终保持改善而不停下来；最后，他严格要求做事的态度和方法，拒绝哪怕一丝一毫的马虎和懈怠。王永庆成功地把自己的理念贯彻到旗下所有公司，可以说，他通过努力，使自己的想法和企业的精神成为团队和员工共同的奋斗目标，仅此一点，他的成功就是必然的。

李开复和王永庆同样注重团队建设，也都采用了树立团队共同目标的方法，取得了各自的成功。对于团队中的每个成员来说，团队的成功才是个人的成功，把团队目标设为自己的目标，大家就有了共同发力的统一方向。如果团队的每一个人都能做到这点，那么团队必然会达到目标，个人也会得偿所愿。

职／场／圣／经

◎ 怎样将自己的目标与团队目标相结合

【1】对团队进行摸底。对团队进行摸底，就是向团队成员咨询对团队整体目标的意见，获取成员对目标的认识。

【2】再加工获取的信息。在对团队进行摸底收集到相关信息以后，不要马上就确定团队目标，应就成员提出的各种观点进行思考，留一个空间。

【3】与团队成员讨论。通过成员的参与而形成最终的定稿，可以获得团队成员对目标的承诺。团队领导要找出不同意见的共同之处，辨识出隐藏在

争议背后的合理性建议，从而达成团队目标共享的双赢局面。

【4】**确定团队目标**。求同存异地形成一个成员认可的、可接受的目标是最重要的，这样才能得到成员对团队目标的真实承诺。

第3章

从优秀到卓越

做最好的

影响

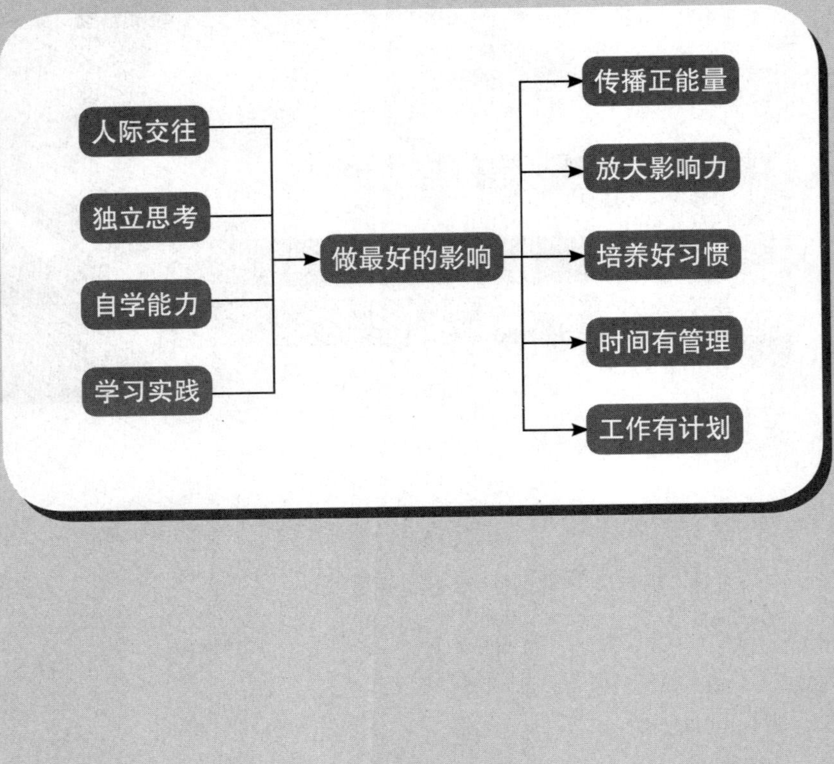
人际交往
独立思考
自学能力
学习实践
做最好的影响
传播正能量
放大影响力
培养好习惯
时间有管理
工作有计划

影响力越大，责任越大

我4年来坚持每天写微博，是希望通过分享来帮助社会进步。我分享：创业模式、科技趋势、国外案例、投资理念、职场建议、学习成长、育儿诀窍、热点点评、轻松内容。我深信传播正能量的重要性，我认为批评才会带来进步，我坚持就事论事不站队，我同意影响力越大，责任越大，我反对造谣和乱扣帽子。

——2013年8月22日创新工场董事长兼CEO李开复新浪微博

老教授的点拨

现代社会许多年轻人整日生活在迷茫中，这种迷茫让他们无法寻找到适合自己的出路，只能苦闷彷徨。对此，李开复说："1979年9月，我从田纳西州怀揣着梦想飞往新鲜、匆忙、充满活力的纽约。在哥伦比亚大学的哲学课堂上，一位老教授告诉我——'知道什么是make a difference（制造不同）吗？想象有两个世界，一个世界中有你，一个世界中没有你，让两者的不同最大化。'最大化你的影响力，这就是你一生的意义。"

细数李开复走过的每一步，为了最大化自己的影响力，他走出安逸的象牙塔，进入苹果公司做产品开发；为了最大化自己的影响力，他选择进入微软，让自己的产品进入千万计算机用户家中；为了最大化自己的影响力，他在事业高峰时，拒绝谷歌的高薪高职，开设创新工场，帮中国年轻人圆梦，帮自己圆梦。影响力最大化这个信念，引领着李开复一步步地走向人生一个又一个的成功；也正是这个信念，推着李开复走到大家面前，引领年轻人前进。

年轻人在某个阶段，难免会迷茫，更多的时候，这种迷茫来自对未来和自我的思考。迷茫时未必会有悄悄到来的觉醒，但一定会有悄悄溜走的时间。这个时候，不妨借鉴李开复先生的信念“让世界因你不同”，凭借这个想法鼓舞自己，寻找到适合自己的道路，免得浪费时间。

这里说的“让世界因你不同”，其实就是要挖掘自己的能力，把自己的影响力最大化地传播到最大范围。我们要承认每个人都有潜力，不同的是有的人善于挖掘，有的人则空有潜力不知运用，所以有的人已经站在顶峰，有的人还在半路上。

同时，人是不同的，每个人都有自己所侧重的一面，如果说为了个人发展，就该挖掘出自己最突出、最有才能的一面。如果有更远大的志向，就该把才能发挥到极致，在有限的生命中对世界产生尽可能大的影响。不求青史留名，但求与人有助。

拯救民众的“不同医术”

事实上，秉持这种信念而奋斗的人并不在少数。我们所熟知的鲁迅先生，还有孙中山先生，早年为了医人治病，学的都是医学。面对国家危难之局，一位弃医从文，要从精神上根除国人的痼疾；一位弃医从政，从现实入手，废除了几千年的封建制度，使民主共和观念深入人心。

这里借用孙中山先生曾说过的一段话，来为二人的动机做个解释：“我年轻时学医，后弃医从政，立誓颠覆清朝，造福国人。离开香港时，母亲大人见我常年奔波劳碌，心疼规劝：‘革命的目的在于救人，行医的目的亦是救人，同是救人，何必东奔西跑，不若行医救人。’我说母亲只知其一，行医只能救助极少的人，而革命却能够救中国的亿万大众。”

站在年轻人的角度看，“让世界因你不同”其实是一种现实的信念和价值判断方法。我们在职场上要扩大自己的影响力，就要让公司因为有你而不同。在面对职业选择的时候，要以此标准进行鉴别，选择一条更有发展的道路。

职/场/圣/经

◎ 怎样让公司因你而不同

【1】**树立远大的目标**。目标是否远大，决定了你是否能取得最大成就。在设定目标时，不妨设定得长远一些，标准高一些，不要自我设限，小瞧了自己未来的成就。

【2】**行为尽量做到向目标靠拢**。不论自己的影响和目标有多大，按照自己期望的那个样子去做，一步步接近自己想要达成的目标。

【3】**在面临选择时，要按照自己的理想去做决定**。人生的每一个选择，都代表着不同的可能性，要想达成自己心中的目标，面临选择时不能受到其他的诱惑，要坚持心中的想法。

【4】**挖掘潜能**。挖掘个人优势，不要小看自己，要把才能发挥到极致，从而最大化个人影响力。

培养自己在人际关系方面的影响力

我个人就缺乏人际交往的倾向。以前，我并不认为这有什么不妥，后来，我发现处理人际关系的能力对于一个人，特别是一个领导者来说非常重要，我开始特别注重培养自己在人际关系方面的影响力。

人际交往中的细节往往能反映一个人的人格魅力，如果在细节上处理得好，那么，它会大大提高我们人际交往的质量。

——2003年12月微软公司全球副总裁李开复给中国学生的第二封信《从优秀到卓越》

10秒钟内的直觉

在一次访谈中，李开复曾提到“直觉”一词，引起大家的疑问：作为相当有经验的管理者，难道对下属能力的判断过程中，也有直觉的成分吗？如果有的话，这种直觉又是产生于哪里呢？

李开复先是举出几个例子证实直觉在管理中的相对可靠。他说，在微软中国研究院成立之初，他和副院长张亚勤面试应聘者的时候，决定做一项测试，即见到应聘者10秒后就把自己是否希望对方留下的直觉记录下来。结果，在面试结束后比照面试结果和直觉，约有95%的情况下，10秒钟内的直觉与最终决定是相同的，而且他们二人对该应聘者的意见也相当接近。再有，李开复谈到他曾经参加过的一次员工培训。在培训中有这样一个环节，10多个陌生人坐在一起，经过几句简单交谈后，写下对对方的看法。结果，大家惊奇地发现，即使是这样简单的交流，彼此之间对于对方的优缺点就已经看得很清楚了。

李开复最后回答了这个问题——细节，是细节决定了第一印象的好坏，也暴露了个人的一些性格和习惯。

事实确实如李开复所言，我们在有意愿关注别人的时候，往往会更加注意他的细节，细节能帮助我们看清楚一个人的大致品位和喜好。同样地，我们在被关注时，细节也容易暴露出一些被我们忽视或者隐藏的想法。所以，注意细节在人际交往中相当重要。

初涉职场，主管和同事看到的也是你一些细节的东西，比如说，是否有整洁的外表，是不是能有一个新人谦虚求教的姿态，能不能为别人做些哪怕很小的活儿，有没有表现出对前辈的尊重……此类小事，如果能在初涉职场时就多加注意，那么你就很容易获得大家的认同。大家对你有了好印象，工作上获得的帮助就多了，想开展活动也容易获得支持；反之，如果不注意这些小事，主管和同事就不会对你有好印象，哪怕你再埋头工作，也很难得到支持和提拔。

被误认为难相处的人

夏林刚进公司不久就赶上了公司发放福利，他领完自己的那份之后，便回到座位上不吭声了，他觉得其他人应该知道领取福利这件事，所以没有通知他们。而实际上，其他同事并不知道这件事。

大家知道公司发放福利的事后，招呼夏林去领取，夏林才说自己已经领回来了。其他同事瞪大眼睛看了看他，说："那你怎么不早说啊？"

之后，又发生了几次类似的事件，同事们觉得夏林是个难相处的人，不为他人着想，于是都开始疏远他。

夏林看到大家都不与他亲近，感到很困惑，他不知道自己做错了什么，于是向带自己的师傅请教。师傅对他说："做人要机灵点儿，注意一些细小的事情。如果你能在一些小事上帮助别人，别人就会感受到你的好，就愿意与你交往了。"

夏林按照师傅的指点去做，开始关注一些日常琐碎的小事。经过一段时间的努力后，大家对夏林的态度开始转变，夏林也真切地体会到处理好细节的重要性。

夏林没有注意到职场人际关系中的细节，使大家误以为他是个难相处的人，进而远离他。经过师傅的指点，他学会了关注细节，也因此得到了同事的认可。

初入职场，我们会对职场复杂的人际关系感到茫然无措。这个时候，如果能在细节上让同事感受到我们的为人，那么我们便能很快地获得他们的认可，从而融入集体。

职/场/圣/经

◎ 如何把握职场细节

【1】有问题要主动向前辈请教，在请教的过程中要多多交流。

【2】接受同事的善意。同事有时带点儿零食到办公室分给你吃，尽量不要推却；在同事有高兴事要请客时，不要回绝，要热情地恭喜和接受。

【3】进出要告知。如果有事要外出一会儿，虽然得到上司的批准，但最好还是和同事知会一下，表示对对方的尊重和信任。

人生要有最大的影响力

人生只有一次，我认为最重要的就是要有最大的影响力（impact），能够帮助自己、帮助家庭、帮助国家、帮助世界、帮助后人，能够让他们的日子过得更好、更有效率，能够为他们带来幸福和快乐。

不要把影响力当作遥不可及的志向。把影响力最大化就是让自己对世界、对社会有最大的贡献，从小处看呢，人人都有影响力。用中国的两个词语进行比较，一个是“兼善天下”，一个是“独善其身”，主要就是看重自己，不要画地自限。

——2004年6月2日《中国青年报》刊登
的微软公司全球副总裁李开复文章

让人第一时间想到你

一个人的影响力有大有小，不是每个人都能成为伟人，也不是每个人都会生活窘迫。面临各自不同的生活境遇，人生就会有不同的选择和高度。但无论怎么样，在力所能及的范围内，尽力帮助身边的人，李开复认为，这就是他信奉的影响力。

在李开复的员工郭去疾离职的时候，他是这么评价李开复的：“8年来，作为我的师长，李开复宽容了我的缺点，许多次选择支持我的理想，他改变了我的命运。当你和一个人离得很近，受到他的影响太多的时候，你反而不知道该怎么总结这个人带给你的影响。但我知道，当我现在遇见一个难以处理的困难时，我第一时间会想，如果是开复，他会怎么做。他的帮助使我终生受益。”

作为中国青年的导师，李开复为年轻人给出了许多有帮助的建议，其中他最强调的就是影响力。许多年轻人感觉这个目标太大，难以实现。这其实是一种误解，通过上面那段郭去疾的话，就可以看出李开复所追求的影响，并不是权力和地位，而是去帮助他人，对他人的进步产生积极的影响，在无形中建立起自己的影响力。

影响力并不是要求你有改变世界的大举动，只要你所做的事情对这世界有点儿贡献，比如说在车上给老人让座，关心体贴家人，或者是在公司里为花浇浇水，多露一个笑容，只要做的事情有益，就是影响力。

传递感恩

要想提高影响力，我们要做的， 就是从身边做起，从此刻做起。下面这个故事，就是发生在生活中的真人真事：

多年前的一个感恩节早上，一对年轻夫妇并不愿意醒来，他们不知道该如何用感恩的心度过这一天，因为他们实在是穷得可怜。感恩节的大餐他们从来不敢去想，有点儿能填饱肚子的食物就很不错了。“贫贱夫妻百事哀”，不可避免地，这对夫妇争吵起来。这个家里年纪最小的男孩趴在门缝上，看着空荡荡的厨房，耳边传来父母的争吵声，感觉自己是那么的无助。

然而，命运在此刻出现了转折。

沉重的敲门声响起，男孩前去应门。一个高大的男人赫然出现在男孩面前，他穿着一身皱巴巴的衣服，一脸的大胡子显得有些凶恶，他却努力地对着小男孩微笑。男孩注意到，这个男人手里提着大篮子，篮子里满是食物，一只大火鸡、厚饼、甜薯及各式罐头，全是感恩节大餐不可缺少的。

年轻夫妇也来到门前，看着这个男人不知道是怎么一回事。男人随之开口道：“这些东西是一位知道你们有需要的人要我送来的，他希望你们知道有人在关怀和爱你们。”

年轻的男主人还在极力推辞，不肯接受这份礼物，可是那人却说：“得了，我不过是个跑腿的。”带着微笑，他把篮子放下后就转身离去，留下一句话在风中飘荡：“感恩节快乐！”

就在那一刻，小男孩的生命发生了转折。虽然只是一个小小的关怀，却让他心里生出温暖，他知道人生始终存在着希望，即使是个陌生人，也在关心着他们。他发誓日后也要用同样的方式去帮助其他有需要的人。

到了18岁，他终于有能力来兑现自己当年的诺言了。虽然收入很微薄，但每年的感恩节那天，他还是买了不少食物，送给其他有需要的家庭。

一个小小的关怀，温暖了男孩的一生。在我们身边，可能某个不经意间，某个微小的举动，就会使人心生美好。想在职场上扩大自己的影响力，就不妨从自己的身边做起。在小事上帮助周围的同事，得到帮助的同事也会将这份关怀传递给他人，或许还会回馈给你。

“赠人玫瑰，手有余香。”先从身边人帮起，助人亦助己，何乐而不为呢！

职/场/圣/经

◎ 怎样培养自己的影响力

【1】**摆正心态**。帮助身边人的同时，其实也在帮助自己。一方面满足了个人的成就感，另一方面也是一种成功的交际。

【2】**设身处地为他人想**。想象着如果我是他人，那我会怎么做？如果我帮助了他人，那么他人又会有什么样的心理反应？

【3】**自我假设**。假设自己是一位大人物，那么就要有大人物的风采和胸襟，不计较对别人的帮助。

【4】**回忆比较**。回忆自己受到别人帮助时的心情。对比身边人的处境，就会明白很多。

学会自己思考和判断

学习知识或解决问题时，学会用逻辑的方法来思考和判断问题十分重要。如果仅凭感觉而不经过严格的、科学的推理，我们在接受知识的过程中就很容易做出错误的判断。

中国青年需要“偶像”或“人生导师”吗？在成长的过程中，参考那些值得信任的成功者是有价值的，例如阅读名人传记或听演讲。但是，每个人应该走自己的路，千万要避免盲目崇拜和模仿偶像，或不经思考全盘接受任何人的话。所以，参考他人的路，但是保持客观自觉，听从自己的心，走自己的路，做最好的自己。

——2011年10月21日创新工场董事长兼CEO李开复语录

与网友展开辩论

“耳听为虚，眼见为实”，但在现今这个知识爆炸的年代里，眼见也未必为实。所以，在接受外来知识和经验时，要注意有所甄别，在吸收知识的过程中加上一层滤网，这层滤网就是系统、逻辑的思考方法。

身为最早的网络用户和最顶尖的计算机工程师之一，李开复和广大年轻人一样喜欢通过网络搜集信息。他在上网时也见到一些明显不合逻辑的谣传。

有一次，一位网友对李开复说：“甲骨文公司总裁说过，他和比尔·盖茨的成功都是在大学没有毕业的情况下取得的，所以，大学里的学习对事业并没有用处。”

李开复当即回复了他："这种谣传显然是不合乎逻辑的，甲骨文公司的总裁不会说出这样不负责任的话，而且也不能单单凭借两个人的例子就全盘否定大学教育。我们应该客观、科学地看待问题，一两个人的例子不足以支撑结论。事实上，大学毕业生更有机会取得成功。美国一家研究机构调查数据显示，在美国有25%的人大学毕业，而美国最成功的人群里90%是大学毕业生。所以成功者的90%是被读过大学的全国25%的人占据了，没有读大学的75%的人要去竞争10%的份额。这个数字就很说明问题，读大学会获得更多的成功机会。"

正像李开复对这位网友说的，应该客观、科学地去看待问题，避免被表面现象所迷惑。

在学习的过程中，用逻辑的方法思考，更容易发现知识之间的内部联系，这样把掌握的知识归纳成体系，自然更有效率；同样地，在工作中，面对复杂的人际关系还有各种具体的工作，学会用逻辑的方法思考，更容易理清自己身边的人际关系，看清楚自己的定位，也更容易把握工作中需要注意的重点，便于工作的开展和自我能力的提升。

误把夜壶当酒壶

用逻辑的方法思考，还会避免自己无谓的损失；反之，就容易闹出笑话。有一个故事为证：

从前，有个财主无意间得到一件铜制容器。这个容器看上去像一匹马，马背上有个开口。这个东西是做什么用的呢？财主很好奇，于是四处请教。

一位朋友告诉他："这个是酒樽，是古人装酒用的高雅器具，价值连城啊。"

"可盛酒的酒壶没有这么大啊！"财主有些怀疑。

"这就外行了不是，古代人酒量特别大，酒的度数也没有现在的高，所以就要用大酒壶了。"朋友连忙解释。

财主信以为真，很是高兴，干脆摆了一桌丰盛的酒席，招待大家品鉴这个宝贝。席间就用这件铜器来盛酒斟给大家喝。

席上有一位书生，总是看着那件铜器，并且只吃菜不喝酒。财主感到奇怪，问他为什么不喝酒？书生就是不说。在多番逼问下，他指着桌上的铜器，说："这盛酒的东西不对。"

财主问："有什么不对的？古人不就拿它盛酒吗？"

书生笑着说："这件铜器不是酒壶，而是古代女人用的夜壶，名字叫'兽子'。"

"胡说，你这是造谣。"财主急得跳起来，"你说是就是吗？拿出证据来！"

"那好，稍等片刻。"书生说完立即跑回家，取来一本古书，当着众人的面翻开。书中果然有这种铜器的说明，并且画有图样。比照之下，那铜器果然就是夜壶。这时，宾客们都恶心不已，有的连饭菜都吐了出来。财主羞得面红耳赤，只觉无地自容。

在这个故事里，财主对朋友的话没多加判断就信以为真，结果误把夜壶当酒壶，闹出了大笑话。如果他能多加思考，多方求证，这场笑话也就可以避免了。

所以我们应当随时提醒自己，用逻辑的思维去看人看事。学习如是，做事也如是，学会用逻辑的方法思考问题，避免产生无谓的错误。尤其是在工作中，有一个条理清晰的思考方式，对个人成长无疑有很大的帮助，事业自然也会扶摇而上。

职/场/圣/经

◎ 怎样运用逻辑思维提高学习能力

【1】**养成从多角度认识事物的习惯**。全面地认识事物的内部与外部之间、某事物同其他事物之间多种多样的联系，这对逻辑思维能力的提高有着十分重要的意义。学会"同中求异"的思考习惯，将相同事物进行比较，找

出其中在某个方面的不同之处，将相同的事物区别开来；同时还必须学会“异中求同”的思考习惯，对不同的事物进行比较，找出其中在某个方面的相同之处，将不同的事物归纳起来。

【2】**发挥想象在逻辑推理中的作用**。要经常对知识进行形象加工，形成正确的表象。知识只是构成想象的基础，并不意味着知识越多，想象力越丰富。关键看是否对知识进行形象加工，形成正确表象的习惯。

【3】**从工作中锻炼**。由于我们日常工作和学习中所发生的事情都有连续性的特点，这就需要加强自己的因果联想能力的锻炼。每当你需要了解和解决某件事时，去认真分析其因果关系，你会发现，你的解决问题能力有了很大提高。

教育的本质就是自学能力

如果我们将学过的知识忘得一干二净，最后剩下来的东西就是教育的本质。所谓“剩下来的东西”，其实就是自学能力。

学习有四种境界：第一，熟能生巧：经过练习掌握课本上的内容，知道问题的答案；第二，举一反三：具备了思考的能力，掌握了学习的方法，能够知其然，也知其所以然；第三，无师自通：掌握了自学、自修的方法，无师亦可以主动学习；第四，融会贯通：可以将学到的知识灵活运用于生活和工作实践，懂做事与做人的道理。

——2005年2月李开复所撰文《自修之道：从举一反三到无师自通》

面对急功近利家长的抱怨

学习不是一时也不是一个阶段的问题，而应该是终生的。人生可以分为不同的阶段，在不同的阶段里有不同的学习类型和方法。要把握好不同类型的学习方法，关键是要掌握自学的方法。

为什么要做到自学？我们来看看一段有关李开复与学生家长的对话，也许就会有更深的认识。

李开复还在哥伦比亚大学任助教时，有位中国学生的家长向他抱怨道：“你们大学里究竟在教什么？我的孩子读完了大二计算机课，却连VisiCalc都不会用。”（VisiCalc虽然是当时流行的计算机应用软件，但是它很快被替代了，而且这个软件并不是计算机系学生的课程内容。）面对家长的责问，李开复平静地告诉他："电脑以我们难以想象的速度在发展，我们不能保证大学里教的任何一项技术不会在几年内淘汰，也不能保证学生可以学会所有的技术和电脑工作。我们能保证的是，你的孩子将学会思考并且掌握学习的方法。这样的话，不管未来技术更新有多快，你的孩子都会游刃有余。"

学生家长接着问："教授学生最新的技术和软件还不算作教育的话，那么教育的本质还能是什么呢？"

李开复回答他说："如果我们将学过的知识忘得一干二净，最后剩下来的东西就是教育的本质。所谓'剩下来的东西'，其实就是自学能力。"

作为卡内基—梅隆大学破纪录的最年轻的副教授，李开复对于学习方法有独到的见解。在他看来，受教育并不仅仅代表吸收知识，更多的是在接受教育中掌握学习背后的东西，也就是通过对学习规律的把握，达到自学的目的。这也是终生学习不可或缺的环节。

微软公司曾做过的一个统计表明，每一名微软员工所掌握的专业知识里，只有大约10%的知识是来自员工之前的学习和工作积累，剩余绝大部分的知识都是在加入微软之后自学获得的。这个数据充分证明，一个缺乏自学能力的人，难以实现自我更新，更难以在现代企业中立足。

"哈佛男孩"的自学方法

掌握这种自学能力，也是自我提升的根本途径。不论是学习，还是工作，在正规教育中掌握的知识是有限的。这就像是一个门槛，很多优秀的人都是迈过这个门槛的，如"哈佛男孩"朱元晨。

朱元晨是"英特尔基金青少年科学精英奖"的获得者，是诺贝尔颁奖史上第一个被正式邀请参加的中国学生，2008年获全美大学计算科学领域杰出本科生奖，现在已经是哈佛大学在读博士生。在他读高中时，获得的奖项已经不胜枚举。2002年，朱元晨凭借优异的成绩，被哈佛大学以全额奖学金提前录取。许多人问他有什么学习经验，朱元晨总是将自己的成功归纳为掌握了自学方法。

朱元晨认为自己并不是天才，他的成功也是可以复制的。事实上，他在学习和研究中也遭遇过许多意想不到的困难，但是他学会了自学。在这样的研究过程中，他学会了熟练地运用网络来搜索自己所需要的资料，也可以运用网络掌握研究领域里最新的动态。

当朱元晨发觉自己英语沟通存在问题时，他就从网上下载文章，借助电子词典自学英语。有时，为了研究的需要，他还必须掌握一些大学数学、物理等科目的知识。为此，他到世界著名学府的网站上下载了许多教材和参考书。

可见，朱元晨的成功同他出色的自学能力和积极的研究态度是分不开的。

许多年轻人缺少的也正是自学的意识和能力。须知在21世纪，光有成绩是不行的，人才已经成为一个国际化的概念，评价的标准也越来越国际化。人才需要的不仅是掌握专业的技能，关键还要像李开复所说的有“剩下的东西”，也就是自学能力。这种自学能力，才是你最需要掌握和应用的能力。

职/场/圣/经

◎ 怎样提高自学能力

【1】**提升主动阅读能力**。主动阅读能力就是要主动、自觉地读书，能科学地自我组织学习。主动阅读能力是自学能力的重要因素之一，也是培养自学能力的基础。

【2】**培养独立思考能力**。独立思考能力是自学的关键，指在自学的过程中不断地提出质疑，并找到解释的一种能力。

【3】**促进自制力**。这是养成自学习惯的前提。所谓自制力，就是自己管理自己的能力，也就是在不受监督和约束的情况下，能够主动地按照规范的标准来要求自己。

【4】**加速形成概括能力**。学习是一个终生的过程，概括能力就是通过对典型事例和有关知识进行分析、比较等方法，找出共同的特征并得出结论的能力。概括能力有助于加速自学的进度，巩固自学的效果。

在学习中实践，才能融会贯通

最重要的学习方法就是尽量与实际结合起来，不能只“学”不“用”，而是将学到的知识灵活运用于生活和工作实践中。

有一句关于实践的谚语是这样说的：“我听到的会忘掉，我看到的能记住，我做过的才真正明白。”

无论学习何种专业、何种课程，如果能在学习中努力实践，做到融会贯通，我们就可以更深入地理解知识体系，可以牢牢地记住学过的知识。外出打工或做项目时，不要只看重薪酬待遇（除非生活上确实有困难），有时候，即便待遇不满意，但有许多培训和实践的机会，我们也值得一试。

——2005年2月微软公司全球副总裁李开复给中国学生的第四封信《大学四年应是这样度过》

如何彻底记住所学知识

学习的目的是什么呢？不同的人也许会给出不同的答案，但总结起来，学习是为了应用。不论你说学习是为了提升自己，还是为了掌握某项技术，归根到底都离不开应用这个范畴。

与实际相结合，将学到的知识灵活地运用于生活和工作中，这才是学习的原动力。将知识应用于实际，这也是李开复力行的准则。为了坚持这个准则，他放弃自己在卡内基—梅隆大学里教课、做研究的安逸生活，投身到苹果公司，把自己的研究转化为可以对现实有积极作用的产品。将知识应用于实际，不但是对知识的正确应用，还会在应用的过程中检验知识的运用原理、规则，从而巩固对知识的掌握和理解。

有一位年轻女孩，在看过《大学四年应是这样度过》后，请教李开复说："请问李老师，怎样学习知识才能彻底记住呢？我每年考试结束后，感觉好些知识都还给老师了。您从小学到大学再到如今，学过的知识都还记得吗？"

李开复指点说："我学懂了的知识以及知道如何运用的知识，到现在都还记得；工作中常用的知识，现在也记得；我自己感兴趣、专门研究过的知识，也能准确记忆，就算是偶尔有些记不准的，也可以快速推算出来。相反，那些依靠死记硬背获得的知识，以及自己不感兴趣的知识，我已经基本忘却了。不单是一个科目，每一个学科都是如此。"

李开复认为，单靠死记硬背只能应对考试，而不能得到获益终生的知识。在学习时，不能死记硬背，要去理解如何使用知识的原理、方法，把知识放在实际环境中，通过实际运用，才能真正掌握知识，才能懂得如何去运用知识。

将知识运用到实践中的能力就是我们的学习能力，在实践中，我们会得到成功或失败的经验，这些经验或教训帮助我们验证或修正所学习到的知识，使我们得到新知识，学习能力得到进一步提高。如果不能学以致用，别说学习能力的提高，就是应付眼前的困难都不能，甚至会出现溃不成军的现象。

四十万枯骨的控诉

"纸上谈兵"想必很多人都知道，讲的就是赵括只读书而不会运用，白白葬送赵国四十万大军的故事。

秦国兵发长平，被赵国老将廉颇抵抗住。秦人于是另想计谋，在赵国散布谣言说廉颇不抵抗是为了投降，还说秦人最怕的就是年轻有魄力的赵括将军。他们所说的赵括，是赵国名将赵奢的儿子。赵括小时爱学兵法，谈起用兵的道理来头头是道，自以为天下无敌，谁也不放在眼里。

谣传很快到了赵王的耳朵里，赵王命人寻来赵括，问他可有打退秦军的本领。赵括自信满满地说："如果换我统军，击败秦军不在话下。"

赵王信以为真，拜赵括为大将，接替廉颇统领大军。

赵国宰相蔺相如极力反对，他对赵王说："赵括只懂得读兵书，不会临阵应变，不能担此重任。派他领军，恐有大变。"可赵王并不听信蔺相如的劝告。

随后，赵括的母亲也向赵王进言，请求赵王别派赵括领军。赵王问她什么理由。赵母说："他父亲临终前一再嘱托，说赵括只读兵书，谈起兵法来是滔滔不绝，但没有做统帅的能力，将来大王不用他还好，如果用他为大将的话，只怕会断送赵国。所以请求大王收回命令，千万不要让他做统军大将。"

但是赵王决心已定，赵母的话他依旧不信。

公元前260年，赵括替代廉颇镇守长平。赵括统率四十万大军，声势浩大，他一上任就废除了廉颇制定的防守战略，希望大败秦军，为自己正名。

秦军见反间计成功，布置好埋伏，故意打了几阵败仗。赵括不知是计，一路追进，结果中了埋伏，被秦军重重围困。结果，赵括死于乱箭之中，赵国四十万大军统统被秦军坑杀。自此，赵国一蹶不振，终被秦国所灭。

"纸上谈兵"的故事已经过了几千年，可是现实中"纸上谈兵"的行为却未见减少。

所谓学习能力的提高，掌握知识的多少只是一个因素，更关键的因素是能否把知识应用到实践当中，读万卷书不如行万里路，应用多了，自然记得灵活，也用得灵活。终生学习是职场人所必需的，面对知识的换代和工作的需求，我们该如何应对呢？最有效的途径就是学以致用，在实践中提高自己的学习能力。

职/场/圣/经

◎ 怎么做到学以致用

【1】首先，把掌握的知识拿到实践中检验。通过检验来验证知识的正确性，或者说检验知识是否具有可行性。

【2】其次，在实践的过程中，探索知识的应用方法。不要局限在已知的方法中，要尝试其他的方法，不断改进知识的应用手段。

【3】最后，通过实践的验证，加深对知识的理解。通过这一系列的过程，做到学以致用。

如何改正坏习惯

经过日积月累，习惯会逐渐形成独特的性格，而性格往往决定了你的命运。因此，为了更好地排除成功路上的障碍，你必须从现在开始培养好的习惯，摒除坏的习惯。

如何改正坏习惯？第一，写下动机：为何要改？如果不改将付出什么代价？第二，找出过去成功的经验：曾经如何克服困难，改正不良习惯？第三，建立好习惯所拥有的内在资源，如个人特质、潜力、能力、态度等；第四，有哪些外在资源可以协助，如朋友、爱人、师长？第五，一旦成功了，愿景是什么？会有什么改变？

——2013年9月30日创新工场董事长兼CEO李开复新浪微博

游戏和桥牌的诱惑

印度有句谚语：“播种一种行为，收获一种习惯；播种一种习惯，收获一种性格；播种一种性格，收获一种命运。”行为养成习惯，习惯构成性格，性格决定命运。如果把命运看作金字塔的最顶端，那么，养成好习惯的行为就是命运的基石。当然，养成好习惯的过程就是提高执行力的过程。

习惯的力量，我们每个人都无法忽视。李开复也坦言，年轻时他也有沉迷游戏的坏习惯。那是刚上大学的时候，李开复接触到了电子游戏。那时的电子游戏非常简单，可是李开复依然玩得非常投入，他每天都去同一个游戏厅，带上能玩一两次的钱，专心研究怎样打出最高分。结果李开复每天下午都在游戏机前度过，很快就垄断了这个游戏的最高得分榜。他很享受这种感觉，足足一个学期的时间，都把时间消磨在游戏厅里。

后来，李开复又迷恋上了桥牌。他参加了学校的桥牌俱乐部。为了赢得第一，他和搭档有一阵子天天跑去老先生、老太太聚集的桥牌俱乐部打牌。后来，为了获得桥牌“终身大师”的称号，他们必须参加正规比赛才能获取积分。于是，李开复又坐车四处参加地区比赛、学校比赛，甚至还有全美比赛。这样一来，得了不少奖牌、奖杯，可是也把大一的时间彻底消磨光了。

大学第一年，由于沉迷于电子游戏和桥牌，李开复的成绩惨不忍睹。于是，他痛定思痛，决心放弃游戏，回到正常的生活轨道。大学第二年，李开复开始专注于学业，取得了优异的成绩。

这段日子是李开复回忆里一段古怪的日子，有乐趣，也有投入，因为这个习惯轻易地消磨了他一年的时光。所幸李开复从坏习惯里走了出来，一步一步走到今天。不然，中国就少了这样一位学跨中西、乐于帮助年轻人的导师了。

习惯的养成靠行动，行动就是执行，行动的力度就是执行力。养成习惯的快慢和深浅与执行力有很大关系。

“大烟鬼”的雨夜反思

美国石油大亨保罗·格蒂曾经是“大烟鬼”，烟抽得很凶。在一次度假中，他开车经过法国，天降大雨，他要在一个小城的旅馆住一宿。吃过晚饭后，疲惫的他很快就进入了梦乡。

凌晨两点，格蒂从睡梦中醒来，他很想抽一根烟。打开灯后，他习惯性地伸手去抓桌上的烟盒，空的。他下了床，搜寻衣服口袋，一无所获。他接着又翻找行李，希望能找到无意中留下的一包烟，结果又失望了。这时候，旅馆的餐厅、酒吧早已关门，他唯一能够得到香烟的办法就是穿上衣服，走过几条街，去那里的火车站买。

越是没有烟，想抽烟的欲望就越大。格蒂脱下睡衣，穿好外套，就在他伸手去拿雨衣的时候，他忽然问自己：我这是在干什么？格蒂站在那儿寻思着：一个有修养的人，而且是相当成功的商人，一个平日里对别人下命令的人，竟然要在三更半夜离开旅馆，冒着大雨走过几条街，冒着明后天可能工作状态全无的危险，仅仅是为了得到一根烟。这是一个什么样的坏习惯？

没一会儿，格蒂下定决心，把那个空烟盒揉成一团扔进纸篓，脱下衣服回到床上，带着一种解脱甚至是胜利的感觉，几分钟后就进入了梦乡。

从此以后，保罗·格蒂戒掉了抽烟的习惯。之后，他的事业也越做越大，成为世界顶尖富豪之一。

有强大的执行力，我们就会很快实现自己的目标。如果我们想培养自己的执行力，不妨先培养一个好的小习惯，以此提高自己的执行力。

职/场/圣/经

◎ 怎样养成好习惯，提高执行力

【1】**找到不足**。向好友和同事咨询，看自己在哪方面有问题。

【2】**逐步改正**。把出现的问题和缺点列出来，先把急需改正的问题处理掉，再解决其他问题。

【3】**从小事做起**。养成自律、自省的性格，从小事做起，培养良好的习惯。

【4】**从此刻做起**。就从这一刻起，告诉自己“你能行”，然后把应该做的事情一一处理好，不要推迟，也不要犹豫。

如何管理时间

时间管理与目标设定和目标执行有相辅相成的关系，是目标管理的重要组成部分。

时间管理的“4D原则”：第一，Don't do it（丢一些），丢掉那些与重要目标无关的事情；第二，Delay it（拖一些），把那些次要工作暂时放在一边；第三，Delegate it（授权一些），能分给他人或下属的次要事情，尽量分派授权给其他人做；第四，Do it now（立即做），重要的事情不要犹豫，马上去做。

——2012年12月5日创新工场董事长兼CEO李开复新浪微博

升职秘诀居然是“保护时间”

执行力的另一个表现就是工作效率，执行力强的人工作效率高，执行力弱的人工作效率低。我们看见的李开复，永远是有条有理、不愠不火的，但实际上，李开复无论是打工，还是自己创业，他每天都事务缠身，工作十几个小时。我们之所以能看到李开复从容以对，一方面是他气度使然，另一方面也是因为他格外注意时间的管理，即使事务再多，他也能处理得井井有条。

很多年轻人整日忙个不停，工作效率却不高，往往是工作忙不完，又来了新工作。对于这一点，李开复指出，一个优秀的工作者，必然也是一个有时间管理概念的人，能高效利用时间，并学会说“不”，保护自己的时间。李开复以过去的同事潘正磊为例——潘正磊是微软公司总部产品部门以效率和执行力著称的总经理，她大学毕业后就加入微软公司，职位节节攀升，成为晋升最快的经理，她的成功之道就是“保护时间”。

李开复说，潘正磊刚加入微软公司时，职位是软件开发工程师，由于她所在的小组开发产品速度很快，几个月内就生成了3个版本，每个版本又要做6种语言。这18个组合要求不尽相同，潘正磊需要和很多其他不同的研发小组交流。每天，她的办公室里人来人往，都带着不同的问题。刚开始潘正磊总是停下自己手里的事，先解决别人的问题，忙得不可开交。为了完成分内工作，她的工作时间拖得很长。

后来潘正磊设置了“回答问题时间”，其他人只有在这个时间才能找她，其余时间她不回应问题，专心编程，并学习新的技术和管理经验。李开复说，如果潘正磊当初没有这么做，也不会有今天的成就，可能只能局限在同一间办公室里，每天面对四面八方的问题，难有发展的时间和空间。

保证时间的有效利用，是成功人士的相同之处。赫胥黎留下这样一句话：“时间最不偏私，给任何人都是24小时；时间也偏私，给任何人都不是24小时。”人们生活的一个共同之处就是每天都有24小时，但在这相同的时间里，在不同人的身上发挥出的效果会有很大的区别。关键之处就在于有些人完全忽略了这个问题，有些人却懂得保护时间，能在有限的时间里抓住重要事情来做，提升工作效率。

玻璃瓶的填充艺术

话说一个学校的老师，给学生们做实验。老师在桌子上放了一个玻璃瓶，然后把鹅卵石放进瓶子里，很快玻璃瓶中就填满了石头。老师问学生：“同学们，这个瓶子已经满了吗？”

学生异口同声：“满了！”

老师笑了笑，没有说话，把准备好的一袋小石子从瓶口倒下去，又问：“这瓶子现在是不是满的？”

学生们这次交头接耳，商议了一小会儿，回答："老师，满了。"

老师又从桌子底下拿出一袋沙子倒进瓶子里，细沙很快把鹅卵石和小石子之间的缝隙给填满了。老师又开始问："同学们，你们看这个瓶子装满了没有啊？"

学生们这下前后左右讨论了半天，最后犹豫地说："好像是满了。"

老师又从桌下拿出一大瓶水，把水倒在看似已经填满了的瓶子里。

随后，老师又拿出另一个空的瓶子，先装满水，然后再放进石头和沙子，很明显，水溢了出来，瓶子已经满了。

在日常生活和工作中，也是一样的道理。事情总有轻重缓急，如果不能先处理好重要的事情，那么琐事就会占据你所有的时间。时间对每个人都是公平的，没有人会每天多出几个小时，但把握好时间的运用方法，分清事情的主次，重要事情重点时间安排，次要事情次要安排，那么效率自然就会提高，工作也会变得轻松。

可以说，我们的一生正是用时间来换取才华，换取被认同的过程，既然时间有限，那么合理地运用时间无疑是提升自己的最佳途径。

职/场/圣/经

◎ 怎样提高工作效率

【1】**分清主次**。做事要有技巧，事情总有轻重缓急，有主有次之分，确定优先次序，从最重要的事情开始做起，重要紧急的事马上做；其次是做重要而不紧急的事；紧急但不重要的事，要学会放弃，能放就放；对于不重要也不紧急的事，尽量不去做。

【2】**戒拖拉、延宕**。任何事情，争取一开始就要把它做好。能一次做完的事情尽量一次做完，绝不拖拉，反复做同一件事情最浪费时间。

【3】**有灵活性**。一般来说，按照"二八定律"，只将时间的80%计划好，其余的20%应当属于灵活时间，用来应对各种无法预期的事情，也可以作为学习时间。

有计划的工作才有效率和成功

用“PDCAR法则”规划你的工作。第一，Plan即计划：唯有计划，才有效率和成功；第二，Do it即行动：善于抓住机遇，果断行动；第三，Check it即检验和调整：检验出偏差后及时查缺补漏；第四，Action again即重新开始：直面挫折，这是成功必备的基本素质；第五，Record即记录备案：每次执行的情况、经验得失都是可资借鉴的财富。

——2013年8月26日创新工场董事长兼CEO李开复新浪微博

创建微软中国

俗话说，“磨刀不误砍柴工”。磨利了刀子，不仅不会浪费时间，反而会更早、更轻易地收获更多的成果。李开复也是在周密的计划下取得成功的。

李开复曾是卡内基—梅隆大学最年轻的副教授，但他并不甘于困在象牙塔里，他希望把自己的研发成果转化为产品，真正地改变世界。于是，在面临苹果公司的邀请时，他没有过多犹豫。李开复清楚地知道，要使自己的影响力最大化，不是一蹴而成的事。李开复把这个长远目标分解成几个具体的阶段：首先，做好研究，做好研究成果的产品化；其次，随着自己管理能力的提高，掌握更多的资源，随之会有更好的产品；最后，在自己的能力提高到一定程度后，言传身教带领年轻人走向成功。“Make a difference”，他规划着自己的人生，坚定地走下去，之后的每一次选择，他离自己的目标就越来越近。

具体来说，李开复在创建微软中国和谷歌中国时，都会制订具体的计划。先是选址，然后是选人，之后就是带领下属适应中国的运作模式，最后是专注做目标产品。结果大家都看到了，微软中国成为微软全球里论文和产品最多的研究院。

李开复的经验再次证明机会更青睐于有准备的人。年轻人要纵横职场，经验和技能的相对欠缺，决定了你更该早做准备。在确定自己的职场目标以后，根据实际情况做出详细的目标计划，之后你要做的就是依照计划，一个个达成计划中的目标，然后你会在某一天惊奇地发现，当年看来遥不可及的目标已经在不知不觉中被自己甩在身后了。

或许你觉得成功的概念空泛，事实上，成功源自有计划者一个个阶段的点滴积累。而这些阶段的设定，要根据个人实际情况决定，尽量做到远近目标结合，保证计划中短期目标实际可行，自己总是保持住达到目标或接近目标的积极状态，为坚持实现计划提供充足的动力。这正是许多成功者的必经过程。

马夫的梦想

有一个年轻人出生在美国乡村，家里一贫如洗，所以他只接受过很短时间的教育。

15岁那年，为了养家糊口，他远离家乡来到一个乡村去做马夫。但他依然雄心勃勃，相信自己终有一天会功成名就，成为大老板。

18岁时，他终于有机会去了城市。他到了钢铁大王卡内基的一个工地打工。在这里，他看到自己成功的可能，也在工作中开阔了自己的眼界，半年内他定下自己的人生规划：先成为同事中最优秀的人，再踏入管理人员的阶层，然后，要在公司里做到自己能力的极限。最后，做一个老板，成为能掌管自己和他人的大人物。沿着自己设计的计划，他先是自学建筑知识，一年后，由于出色的表现，他被经理提拔为技师，此后一步步提升到总工程师的位置。25岁那年，经理调走之后，他成了这家建筑公司的总经理。

再后来，由于超凡的工作热情和管理才能，他被卡内基钢铁公司的合伙人琼斯相中，成了琼斯的副手。两年后，琼斯在一次事故中丧生，他理所当然地接任了厂长一职。又过了几年，他被卡内基直接任命为钢铁公司的董事长。

最后，他筹资建立自己的企业，完成了当初的梦想。他，就是美国钢铁巨头伯利恒钢铁公司的创始人——齐瓦勃。

从齐瓦勃和李开复的亲身经历来看，成功者都有一个相同之处，就是有一个清晰的目标，并且沿着自己的目标一点一滴地做起。在职业发展的道路上，年轻人要学习的也是这一点。年轻是资本，未来有更多的可能，这也往往会打乱年轻人的脚步。孔子说得好："凡事豫则立，不豫则废。"周密的计划正是一切成功的前提。

职/场/圣/经

◎ 怎样制订周密的计划

【1】**不断学习，力求专业**。不论你如何规划职业生涯，任何阶段都会存在竞争对手，你只有比对手做得更好，才能确保职业生涯的成功。

【2】**借鉴比较**。比较成功者或者身边人的经历，把达到目标的时间设定在一个适合的位置上，借鉴他人在职业规划中的思维方式，来打造自己将来的路。

【3】**计划仔细**。一个过于长远的目标不适合于保持奋斗的动力，把计划设定为一些具体的小目标，先朝可能达成的目标努力。

【4】**确认你要克服的障碍**。在达成计划的过程中，难免遇到障碍，这些障碍能帮助你清晰地看出计划的可行性；再有，要把障碍设定先后顺序，找出哪件事对你计划的实施影响最大，在计划实施过程中要全神贯注地解决这件事。

【5】**确认你所需要的知识**。计划分为一个个小目标，达成这些小目标可能需要不同的某一科或者多科的知识，需要多吸收资讯来达到目标。

第4章

修炼导师性格

做最好的胸怀

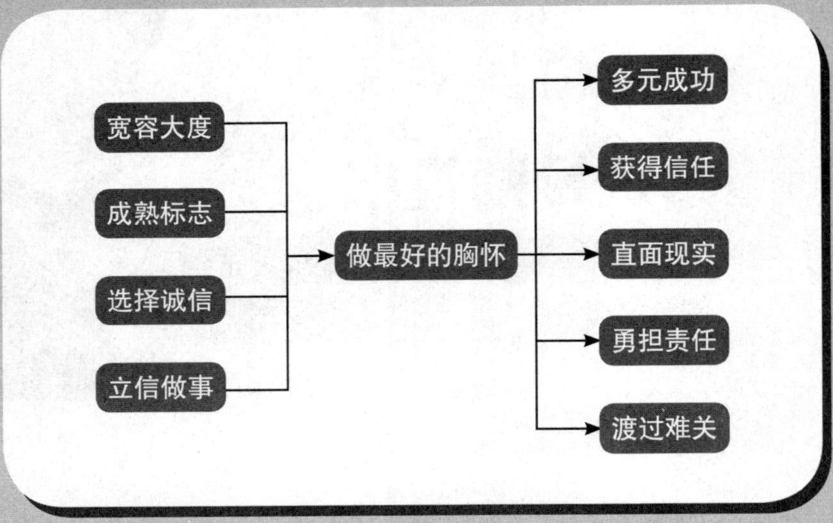

宽容大度
成熟标志
选择诚信
立信做事
做最好的胸怀
多元成功
获得信任
直面现实
勇担责任
渡过难关

宽容大度是好导师应有的素质

只要有足够的涵养、宽广的胸怀，就一定可以应对各种难题。宽容克制并不是软弱、怯懦的表现，相反，它可以很好地体现自己的风度和尊严，可以有助于建立良好的人际关系，赢得更多的支持。

美国著名“职场教练”Gary Collins博士分享好导师应有的素质：第一，高信誉和诚信；第二，悉心聆听，得到学生信任；第三，善于激励、帮助学生培养自信；第四，给坦诚但尊重人的回馈；第五，鼓励突破自我限制；第六，介绍机会、提供挑战；第七，宽容大度，乐于见到学生超越自己；第八，愿意和学生互相学习。

——2012年6月9日创新工场董事长兼CEO李开复新浪微博

无私的慈善家

如果我们有从容不迫、宠辱不惊的修养，任何时候都可以展示出最完美、最智慧的一面，就可以将人际和业务中的种种问题处置得妥帖安稳。

李开复就是这样的一个人，宠辱不惊、斯文有礼，人们无论是远远地看他，还是与他近距离接触，都能感觉到他身上有一种既平和又坚实的力量。这就是涵养的力量，像雨水浸润，坚定又温和地把认同感沁入你的脑中。

在李开复看来，他受父亲的影响最多。他的父亲一直教育他做一个有良心、有涵养、有品德的人。父亲留给他一幅钱穆先生的字，上书：“有容德乃大，无求品自高。”寄托着父亲对儿子的殷切期望。

条幅上的第一句话讲的是宽广的胸怀和气量。李开复坦言一直没有明白第二句的真谛，直到一次偶然的机会，李开复结识了一位慈善家。当时，这位慈善家捐赠巨款创办了一个慈善机构。在李开复的印象中，许多慈善家都是为了留名才捐献的，但是这位慈善家不但没有以自己的名字命名该机构，甚至还告诉慈善机构，如果以后经费不足，而他又不在世了，机构可以向别的富人募捐，可以按对方的意愿更改机构的名称。

这件事使李开复真正明白了父亲留下那幅字的真谛——无求不代表没有欲望。它的意思是说，品德高尚的人往往是欲望并不多的人，也往往是胸怀最宽广的人。

人的心理空间是有限的，想自己想得太多，就很难顾及别人，而有足够涵养、心胸开阔的人，会为别人留出更多的空间。在装下别人的同时，你也会被别人放在心中，所以你的涵养是丰富自己、沟通他人的潜在力量。有涵养的人有很多，他们的故事也为人们所津津乐道。比如，人们都说"铁幕"首相丘吉尔脾气硬朗，却非常有涵养。

以涵养化解政敌的"挖苦"

丘吉尔继任首相不久，有一天到下议院去演讲。当时的下议院里，反对党占据了大多数的议席，所以会场里一直弥漫着浓重的火药味儿。演讲刚进行到一半，一位反对党成员突然对着丘吉尔大声叫骂道："垃圾！垃圾！"

现场一片哗然，大家都被这突如其来的变故震惊得说不出话来，人们屏住呼吸，谁也不敢大声喘气。众人的目光齐刷刷地注视着首相，看他究竟要如何回击政敌。反对党成员则一个个喜形于色，等着看丘吉尔出丑，会场里的气氛顿时紧张到极点。就在这千钧一发的时刻，丘吉尔向对方招了招手，微笑着说道："请这位先生先坐下，你所问的垃圾等卫生问题，我会在接下来的时间里回答你。"捣乱的人无言以对，尴尬地回到了自己的座位上。

台下顿时响起了雷鸣般的掌声，丘吉尔的演讲也得以顺利进行。

看看丘吉尔的回应，也许有人会说这是他聪明的政治智慧，但试想一下，如果一个没有涵养的人，当时能做出理智的选择并从容地应对吗？想来是很难的。一个人的涵养是一种内在的素质，越细微处越见涵养，越矛盾时越见涵养。丘吉尔的应对从容不迫，如果说是智慧，那也可说是涵养里的智慧。

“有容德乃大，无求品自高。”这可以说是一种人生境界，也可以说是一种人生智慧。年轻人要开阔心胸，蕴蓄涵养。涵养高了，行事也会妥帖许多。正如李开复所说：“只要有足够的涵养、宽广的胸怀，就一定可以应对各种难题。宽容克制并不是软弱、怯懦的表现，相反，它可以很好地体现自己的风度和尊严，可以有助于建立良好的人际关系，赢得更多的支持。”

有涵养、有胸怀才能使自己充满人格魅力，同事、领导或客户才愿意与我们交流，愿意与我们合作，我们办起事情来才会顺利，事业才能发展。

职/场/圣/经

◎ 如何培养出风度和涵养

【1】要从不同的角度分析每件事情。你要明白这个世界上每个人都有自己的标准，每个人都有自己的思想，所区别的就是这种思想与主流思想接近的程度不同。

【2】承认每个人都有自己的自尊和傲气，也相信每个人都有他出色的一面。

【3】感觉到平静的重要性，那么就会很容易地做到虚怀若谷。

【4】熟知礼仪的重要性，做一个有风度的人。具体来说，我们可以把一些关键的礼仪细节记录下来，时刻提醒自己。

多元化的成功少不了博大的胸怀

胸怀决定我们所达到的职场高度。有胸怀才会成功，因为胸宽则能容，能容则众归，众归则才聚，才聚则业兴。真正的成功者都拥有海纳百川的胸襟和气概。

成功同心圆：第一，有正确的价值观，这是成功的前提；第二，有端正的人生态度，包括积极、同理心、自信、自省、勇气、胸怀等六种；第三，基本的行为方式：追寻理想、发现兴趣、有效执行、努力学习、人际交流、合作沟通等六种。如果你是按照以上的逻辑顺序在寻找通往成功的道路，那你取得多元化的成功不无可能。

——2013年8月25日创新工场董事长兼CEO李开复新浪微博

原谅资深经理人的排挤

比海洋更宽广的是天空，比天空更宽广的是人的胸怀。回首漫漫历史长河，伟人值得我们回忆的，并不单是因为他们在某一领域或者众多领域取得的成功，更多的是他们表现出的宽广的胸怀和坦荡的气度——无论是追求事业的路上，还是获得成功、超越成功以后的态度。

李开复的开阔胸襟是众所皆知的。在李开复刚加入微软公司时，有一位微软的资深经理人见到李开复得到比尔·盖茨的重视，得到员工和媒体的瞩目，担心李开复抢了自己的风头，所以经常排挤李开复。在做大型项目的时候，他参与的项目不接受李开复团队的联合，而且在李开复找他进行技术探讨的时候，他也故意搪塞。

但是李开复一直认为此人有技术、有实力，而且为人也不错，并没有与他针锋相对。随后，两人发生利益冲突，李开复面对他的挑衅，依旧原谅了他，邀请他参与自己主导的项目，并且在项目完成后极力称赞他对项目的贡献。

几年后，这位经理人碰到了职业瓶颈，老板和下属都怀疑他的管理能力。这时李开复表现出大度的胸怀，他就事论事，坦诚地告诉老板："这个经理人是一个可用之才，大家对他的怀疑是因为他在与人合作时表现出来的固执，并不是没有才能，应该再给他一个机会。"

这位经理人逃过了被辞退的命运，之后他也修正了自身的许多问题，随后很快就被提拔。后来，他找到李开复，诚恳地表示感激："我非常感谢你的帮助，我更加感激的是你不记旧怨的胸怀。"

这个事例说明，以宽阔的胸襟对待别人，不但可以化解矛盾，使工作顺利开展，甚至可以感召他人，使他人认同你的观点，支持你，帮助你。

在日常工作中，团队中的矛盾在所难免，如果人人都针锋相对，那么结局很可能是两败俱伤。对于领导和管理者来说，更是需要有李开复那样能容人的胸怀。接受下属偶尔的过失，不是纵容，而是为了让他在教训里找到做事的经验，也是提升手下团队工作效率的好方法。从个人角度来说，有了宽阔的胸怀，就会寻到内心的安乐。有胸怀的人还会得到他人的认同，也更容易找到可理解、可信任的人，要知道一个挚友胜过黄金万两。

霸主齐桓公以仇人为相

"管鲍"是指管仲和鲍叔牙，他俩是好朋友。管仲比较穷，鲍叔牙比较富有。管仲和鲍叔牙早年合伙做生意，管仲出很少的本钱，分红的时候却拿很多钱。鲍叔牙毫不计较，他知道管仲的家庭负担大，还问管仲："这些钱够不够？"有好几次，管仲帮鲍叔牙出主意办事，反而把事情办砸了，鲍叔牙也不生气，还安慰管仲，说："事情办不成，不是因为你的主意不好，而是因为时机不好，你别介意。”管仲曾经做了三次官，但是每次都被罢免，鲍叔牙认为不是管仲没有才能，而是因为管仲没有碰到赏识他的人。管仲参军作战，临阵却逃跑了，鲍叔牙也没有嘲笑管仲怕死，他知道管仲是因为牵挂家里年迈的母亲。

后来，管仲和鲍叔牙一同从政。管仲辅佐在鲁国居住的公子纠，而鲍叔牙则在莒国侍奉齐国公子小白。不久，齐国发生暴乱，国王被杀死，公子纠和小白听到消息，急忙动身往齐国赶，都想抢夺王位。两支队伍正好在路上相遇，管仲为了让纠当上君主，就向小白射了一箭，谁知正好射到小白腰带上的挂钩，小白保住一命。后来，小白当上齐国君主，即齐桓公。

齐桓公要命鲍叔牙为丞相。鲍叔牙却认为自己没有当丞相的能力。他大力举荐被囚禁在鲁国的管仲。鲍叔牙说：“治理国家，我不如管仲。管仲宽厚仁慈、忠实诚信，能制定规范的国家制度，还善于指挥军队。这都是我不具备的，所以陛下要想治理好国家，就只能请管仲当丞相。”

齐桓公不同意，他说：“管仲当初射我一箭，差点把我害死，我不杀他就算不错了，怎么还能让他当丞相？”鲍叔牙马上说：“我听说贤明的君主是不记仇的，更何况当时管仲是为公子纠效命。一个人能忠心为主人办事，也一定能忠心地为君主效力。陛下如果想称霸天下，没有管仲就不能成功。您一定要任用他。”齐桓公终于被鲍叔牙说服了。

管仲回到齐国，当了丞相，而鲍叔牙甘心做管仲的助手。在管仲和鲍叔牙的合力治理下，齐国成为诸侯国中最强大的国家，齐桓公也成为诸侯王中的霸主。

通过“管鲍之交”这个故事，我们能看到鲍叔牙宽广的胸怀，对朋友无条件的支持和信任，也能见到齐桓公身为领导，不计较下属过失的气度，这都是值得学习的。

职场人生，总有些坎坷，年轻人要多些胸怀。要知道一个人的胸怀、眼界，决定了他所能达到的高度。正像李开复所说的：“胸宽则能容，能容则众归，众归则才聚，才聚则业兴。”胸怀宽广，自有人相助，帮助多了，聚拢的想法多了，自然会更快促成事业的成功。胸怀开阔者，助人即助己。

职/场/圣/经

◎ 如何开阔心胸

【1】多看一些开阔心胸的文章，能做到就学习，暂时做不到的话，也容易静心。

【2】不要老想着个人的得失。更多的时候应该想想身边人，人是群居动物，自己过得再好，身边人愁眉不展的话，那这个人也不会有多少快乐。

【3】旅游，放松心情。可以选择去攀爬高山，或者是看海，在欣赏大自然壮阔风景的同时，放松心情，也开阔心胸。

宽容是成熟的标志之一

"我不同意你，但我支持你。"我把这句话转赠给大家，希望大家能用宽广的胸怀包容并尊重他人的不同意见，只有这样，才能取得真正的进步。

成熟有六个标志：第一，学会妥协——退一步是为了形成合力；第二，学会释怀——从容的忽略胜过愤慨的回击；第三，学会宽容——宽容像春天的阳光，照耀别人也温暖自己；第四，学会隐忍——隐而不发不是不发；第五，学会简单——美丽和幸福都是简单的，把握了简单就是不简单；第六，学会换位思考——换个角度，世界就会大不相同。

——2013年6月17日创新工场董事长兼CEO李开复新浪微博

"最重要的发明"源自导师的宽容

海纳百川，有容乃大。一个心胸宽广的人，不仅要坦然面对褒扬，也要虚心接受不同的意见。更要承认的是，人和人是不同的，人和人对于事情的看法也不尽相同，对于自己不认可的想法和意见能够包容接纳的同时，也是在扩大自己的影响力。

李开复常常提起他的导师罗杰·瑞迪，称自己在导师身上获得了许多终身难忘的教诲。

1983年，李开复进入卡内基—梅隆大学读博，他选择跟随老师瑞迪研究计算机语音识别系统。瑞迪当时刚刚启动一个大型的科研项目，希望李开复能进入团队一同研究。可是，李开复通过实践发现，团队研究采用的专家系统并不能解决语音识别的问题。他认为，应该采用统计方法。

李开复提出的这种方法并不被学术界所看好，和瑞迪选择的方法也大相径庭。出乎李开复意料的是，瑞迪听了他的意见后，虽然并不赞同统计方法可以解决语音识别的难题，但是也没有直接否定，而是语重心长地对李开复说："我不同意你的看法，但我支持你用统计方法研究下去。看得出你很有激情，所以我全力支持你，我这里有科学基金的研究经费，所以你不用担心钱的问题。不过，作为老师我要提醒你，过去有人曾用统计方法做过类似的工作，却没有成功。"

之后，李开复脱离了团队单独研究。瑞迪也一直支持和鼓励李开复。李开复的研究需要大型数据库时，瑞迪说服国防部给他建立一个大的数据库；统计学的方法还需要非常快的计算机，瑞迪就帮他购买了最新的Sun 4机器。甚至每次有了新的机器时，瑞迪都会说："先问问开复要不要。"

就这样，李开复终于在瑞迪的支持下成功攻关。1988年，李开复开发出"非特定人连续语音识别系统"，被美国《商业周刊》评为当年全球最重要的发明。

李开复取得如此辉煌的成功，不得不说其中有很大的功劳要归于瑞迪。瑞迪以开阔的胸怀帮助李开复获得成功，这让人们在记住李开复的同时，也记住了他。同时，李开复在老师的影响下也懂得了包容的重要性，瑞迪不愧为人师。一个心胸开阔的人，应该客观地面对不同的意见，不轻易否定他人的看法和追求。

胸怀开阔者，可以包容不同的意见和不同的行为。这样一方面可以提高个人的境界和素养，另一方面也可以隐藏或者弥补自己的短处。反之，如果面对不同于自己的意见，就主动攻击，不仅显露出了心胸狭窄的一面，也把自己软弱的一面暴露出来。

“耍猴有风险”：悟性差不等于有过错

从前有座山，山里有座庙，庙里有几个和尚。其中一个小和尚比较聪明，每当遇到学识浅薄、思维混乱、说话夹缠不清的师兄弟，他就会气急败坏，大发脾气。师父为此批评了他很多次，他嘴上承认错误，但一遇到类似情况，仍然忍不住要发脾气。久而久之，其他师兄弟便对他心存不满了。

这一天，聪明小和尚去砍柴，砍了很多，小和尚高兴地往回走。走着走着他累了，便放下柴担到溪水边喝水，洗一把脸。这时小强来了。小强是山里的一只小猴，经常来这边玩，也经常碰到上山打柴的小和尚。日子久了，他们就成了好朋友。小和尚洗完脸想要拿汗巾擦脸，却发现汗巾还挂在那边的柴担上，他也确实是累了，于是就指着柴担，示意让小强替他去拿汗巾。

小强跑过去，从柴担上抽了一支木柴，拿了过来。小和尚觉得很有趣，又让小强去拿，并用手比画出了一个方形，嘴里说着：“汗巾，汗巾。”小强又去，拿回来的还是木柴。小和尚笑得更开心了，这次他拿一块石头丢过去，正好丢到汗巾上，然后指给小强：“看到了吧？拿那个汗巾。”小强再去，拿回来的还是木柴，而且还是一副得意扬扬的表情，好像在说：“你看，我多能干！”看着小强一副志得意满的样子，小和尚笑得前仰后合。

回来以后，小和尚把这件有趣的事告诉方丈。方丈问他：“你跟师弟们讲道理，他们听不明白，你就会发脾气。可是小强听不明白，你为什么反而觉得有趣？”小和尚一愣，回答说：“小强听不懂是很正常的，因为它是猴。可师弟他们是人，他们不应该听不懂我说的道理。”

方丈说：“应该？什么叫作应该呢？首先每个人天生的悟性不同，悟性好的人，并不是他的功劳；悟性差的人，也不是他的过错。就算是悟性相同，后天所处的环境又不一样。出生在书香门第的人，并不是他的功劳；出生在贩夫走卒的人，也不是他的过错。就算是环境一样，能遇到的师父又不一样。遇到一灯和尚的，未必是他的功劳；遇到酒肉和尚的，未必是他的过错。人与人有这样大的差异，你凭什么就能说谁‘应该’怎么样呢？”

小和尚听到这里，低头不说话了。方丈接着说：“更何况，天道无常，人世无常。今天他比你差，你看不起他，明天他若比你强了呢？那时候他若看不起你，你心里的感受又如何？”

小和尚惭愧地说：“师父，我知道我的错误了。”

自认聪明的小和尚缺乏包容心，只看到别人的不足，却看不到自己心胸的狭窄，结果每次都闹得自己不开心不说，还与其他师兄弟的关系失和。正像方丈所说，每个人生来不同，即使生来相同，所处的环境又不一样；就算环境一样，所受的教育也未必相同。所以人与人之间必然有差异，单单一个人，哪能轻易地凭自己的见解而否定别人呢？何况世事轮转，人情难料。

所以，我们在职场上行走，要有包容心，包容同事的过失，包容上司的脾气，包容客户偶尔的态度蛮横……这样，不仅自己开心，还会建立起和谐的人际关系，也会为自己以后的道路铺垫基石。

职/场/圣/经

◎ 如何做到包容大度

【1】**不轻易下结论**。同一个东西，我们站的角度不同，所看到的结果也不尽相同。同样的道理，同一件事情，站的角度不同，自然也会有不同的观感。面对别人的责难，别轻易下定论，也不要轻易反驳，一方面对方可能有隐情，另一方面对解决问题也无益。

【2】**培养个人气质**。给自己定个目标，希望自己成为一个有内涵的人。具体的目标各有不同，可按照自己的目标要求自己，做不到的地方就记录下来，这些就是自己该注意和改正的地方。而且，有了一个高目标之后，一些平时看不惯的事情，也就变得不那么重要了。

【3】**换位思考**。多为对方想想，这样容易找到问题的根源，之后说话或者做事，就不会引起冲突。

只雇用最值得信赖的人

事实上，诚信不仅为个人和企业带来财富和成功，诚信本身也是一笔具有重大价值的宝贵财富。对于真正理解诚信的价值的企业和个人而言，诚信价值观必然会成为他们自觉、自愿的选择。

一个人的人品如何直接决定了这个人对于社会的价值。而在与人品相关的各种因素之中，诚信又是最为重要的一点。微软公司在用人时非常强调诚信，我们只雇用那些最值得信赖的人。当微软列出对员工期望的“核心价值观”时，诚信（honesty and integrity）被列为第一位。

——2003年12月微软公司全球副总裁李开复所撰文《诚信和正直》

新晋经理的烦恼

诚信本身是一种不分地域、不分年代的积极的价值观。对于个人来说，诚信是一项必备的做人准则；对于企业来说，诚信是企业文化里不可缺失的一环，它所能起到的作用是不可估量的。

作为职业经理人，李开复对于诚信的价值从未低估过，他时刻把诚信作为道德约束里关键的部分，不仅在生活中贯彻执行，在工作中也把诚信当作一个重要的用人指标。

在苹果公司工作时，李开复手下有一位被他提拔上来的经理，该经理因为管理不得当，经常受到下属的指责，团队不和谐，工作进度难以保障。这位经理非常沮丧地找到李开复，说自己无法胜任这份工作，希望李开复另外找人接替他的职位。

李开复对这位经理进行过深入的调查，得知他为人正直，也有工作能力，只是缺少经验。

李开复没有直接回复他的要求，反问他："你认为自己有哪些长处？"

这位经理说："我相信自己是一个非常诚实正直的人。"

李开复接着说："当初我提拔你做经理，就是因为你是一个诚实的人。管理经验和沟通能力是可以在工作中学习的，但是一颗正直的心是无价的。而且，你能够坦诚地表露出你的不足，足见你是个讲诚信的人，我看好你，也支持你继续干下去。"

经过这一番对话，这位经理明白了自己身上最宝贵的价值。在李开复的支持和帮助下，他的管理能力和沟通技巧都得到了提高，成为公司里一名出色的管理人员。后来，他去了另一家大公司，成为这家公司的首席执行官。

通过这个故事，我们可以看到诚信可以带来成功，也说明诚信本身就是一笔巨大的财富。故事里的经理以自己的诚实正直为荣，而李开复也因此赏识他，他在获得自身发展的同时，也充实了内心。

内心得到满足的人，无疑是快乐的。对于这些人来说，成功和财富或许已经成了坚守信念的副产品。从现实情况来看，也正是如此，有诚信的人过得自在、快活，能够得到人们的肯定，受到人们的尊重和欢迎。

拿着玻璃碎片的少年

下面有一则故事，讲的是诚信的价值：

喜马拉雅山是登山者的圣地，一般登山者都会选择喜马拉雅山北麓的路线，位于尼泊尔的喜马拉雅山南麓则很少有人涉足。后来，有许多外国旅行团到这里登山或者旅游，据说这源于一位少年的诚信。

一天，几位日本摄影师来到了尼泊尔，他们请当地一位少年代买啤酒。

因为当地的商业并不发达，这位少年跑了3个多小时才买到足够的啤酒。

第二天，那个少年又自告奋勇替摄影师买啤酒。这次摄影师给了他很多钱，希望他多买几瓶回来，但直到第三天下午那个少年都没回来。于是，摄影师都认为那个少年把钱骗走了。

第三天夜里，摄影师的门被敲响了，少年捧着几瓶啤酒冻得哆哆嗦嗦。原来，少年在一个地方只购得4瓶啤酒，于是他又翻了一座山，蹚过一条河才购得另外6瓶，这才急忙赶回来。少年当时哭着道歉，说返回时摔坏了3瓶。他拿着碎玻璃片，在场的人无不动容。

这件事感动了许多人。后来，到这儿的游客就越来越多。这个少年的诚信，不仅成为故事流传，还改变了当地人困苦的状况，诚信的价值由此可见。

年轻人或许会有一些误解，认为诚信是过时的价值观，商业社会成功者为王。不过仔细想一想，又有多少成功者敢忽视诚信的价值？对于他们来说，诚信待人是本分，诚信经营是追求，诚信发展是不可缺失的企业文化。诚信无价，诚信是潜在的人脉，是免费的口碑，是长久发展的保证。

职场中人讲究诚信，才能赢得上司的信任、同事的尊重、客户的肯定……如果一个人缺少诚信，那么，他将无法在职场上立足。试问谁愿意跟一个不诚实的人打交道呢？

职/场/圣/经

◎ 如何重视诚信的价值

【1】自我联想法。先假设自己如果做事不讲诚信会出现什么样的后果。比如说，时常迟到，不准时赴约，或者是答应别人的事情没有做到。

【2】代入思考法。在你生活的圈子里，找出几个和你关系密切的人，假设他们欺骗你，或者是不守时守信，你的感觉是怎样的？

【3】推广代入法。把自己代入到某个特定角色中去，感受一下诚信的可贵。比如说，假设自己是地铁司机，或者是航班机长，如果不准时守信的话，会产生多么大的副作用。

诚信就是要兑现诺言和约定

每个人都希望得到他人的尊重和信赖，而他人对于我们的期待，正是对个人道德修养的一种良性约束，是养成诚信的重要力量。

领导者如何得到团队的信任？第一，坚定可靠：无论挑战多大，在关键时刻，领导者能扛住压力，随时都在，为团队付出；第二，诚信一致：领导者兑现他们的诺言和约定，言行一致，从不说一套做一套；第三，信任团队：信任并放权给团队，才能获得团队的信任。

——2013年8月26日创新工场董事长兼CEO李开复新浪微博

辜负了院长的期望

人无信则不立。一个没有诚信的人，是无法得到他人的尊重和信赖的。辜负他人对你的期待，是对个人诚信最大的破坏。

李开复有个亲身经历的故事，经常被他提起并用作自我警策。1981年，李开复在哥伦比亚大学读书的时候，法学院有一套非常老的学生选课系统，法学院院长希望把这个软件从昂贵的IBM主机移植到价格低廉的DEC VAX计算机上，但是，院长找到的承包商给出一个院长很难接受的高价格。

后来，院长听说李开复是编程高手，就找到李开复，问他能不能帮学院做好这个工程，并且可以支付他每小时7美元的工钱。李开复打包票说自己肯定能做好，大概8月初就可以让整个程序跑起来，到了9月开学前还有时间可以调整。

接下工程后，李开复觉得这个工作非常简单，没有认真对待。他先是打了3个星期的桥牌，到了7月底，才想起对院长的承诺，日夜赶工。可是李开复很快发现，这个工程的烦琐程度远超预想。眼看到了8月，李开复只得承认自己的失误，跑到院长面前惭愧地说："这个工作比我想象的复杂，整个程序要在8月底才能跑起来，应该不会影响到9月开学时使用。"

出乎李开复意料的是，院长很生气，直接收回了这个工作，找承包商完成这个工程。院长认为，李开复的行为是对工作的不重视，这种行为不值得他信任。

对于院长的决定，李开复感到震惊。回到家中，他整整反思了一个晚上。李开复认识到，失去别人的信任是对自己最大的惩罚。

后来，李开复找到院长，请求院长的原谅，并要把院长支付的工资退还。院长语重心长地对他说："不用了，我想你已经接受了教训。你没有工作经验，犯错是难免的。希望你从这件事中更好地理解诚信的价值，不要轻易辜负他人对你的期望。"

院长的话一直萦绕在李开复的耳边，他经常谈起这件事，还用这番话告诫年轻人要注重诚信，不能轻易辜负了他人的期望。

当别人信赖你，把事情托付给你时，也代表着他对你的认同，这时候你要做的就是尽力完成。如果没有能力完成就坦诚地说出来，要知道，失去他人对你的信任，才是最大的痛苦和惩罚。

诚信可以说是一个千古流传的话题，墨子曰："言不信者，行不果。"诚信的价值难以衡量，它不仅影响着一个人的行为，甚至还影响到一个人的命运。

绞刑架下的诚信

从前，在意大利，有一个名叫皮斯的年轻人触犯了法律，被判绞刑。

皮斯是个孝子，他希望临死前能与远在百里外的母亲见上最后一面，以表达他对母亲的歉意，他把这个要求告诉了国王。

国王被他的孝心感动，同意了他的要求，但要求皮斯必须找到一个人来代替他坐牢，而且皮斯必须在行刑日之前赶回，否则代替他坐牢的人就要受刑。

皮斯的朋友达蒙答应替皮斯坐牢。皮斯望着他真正的朋友，说自己必定准时返回，然后立刻马不停蹄地赶回家。

几天过去了，眼看刑期在即，皮斯却没有回来的迹象，一时间人们议论纷纷，都说达蒙上了皮斯的当。

行刑日那天下着雨，当达蒙被押赴刑场之时，围观的人都在笑他的愚蠢。但囚车里的达蒙面无惧色，甚至还有一种为朋友慷慨赴死的豪情。

追魂炮被点燃了，绞索也已经挂在达蒙的脖子上，胆小的人吓得紧闭双眼。他们为达蒙深深地惋惜，并且痛骂那个不守承诺、出卖朋友的皮斯。

就在这千钧一发之际，淋漓的风雨里，一个人飞奔而来，正是皮斯，他在行刑之前赶了回来，并高喊着："我回来了，放了我的朋友！"

所有人望着这令人震惊的一幕。行刑中止了，国王闻讯也赶赴刑场。最终，国王为皮斯松绑，并赦免了他的罪行。

这是一个真实的故事，不但感人，甚至可以说震撼灵魂。在生死的拷问下，诚信发出了最耀眼的光辉。

做一个诚信的人，未必要求你做多么伟大的事情，而是要求你不要辜负他人的期望。在应许了别人之后，不妨换位想一想，如果对方随便辜负了对你的许诺，你的感觉也一定不会好。年轻人要记得，诚信是最好的个人形象，所以，要重视你的许诺。

职/场/圣/经

◎ 如何做到信守承诺

【1】制定简单的规则。简单的规则往往也是最容易遵守的，先从简单的事情做起，逐步养成良好的习惯。比如说，定好每天几点起、几点睡的闹

钟，保证准时作息；也可以定好工作计划，最好详细到每一天，按日子检验自己能否达到计划的要求。要做一个守信的人，首先不能辜负自己。

【2】**牢记感人的诚信事例**。关于诚信的真实故事有很多，有些故事读起来非常感人，久久难忘，甚至有触动人心的力量。牢记这些故事，当作为人处世的指引。

【3】**建立奖惩机制**。如果承诺做到了，可以适当奖励自己；如果答应别人的事情没有做到，不仅要诚恳地向对方道歉，还要对自己进行一些惩罚。简单来说，体力劳动还有大负荷的运动会给人留下深刻的印象，可以根据事情大小，设定不同的惩罚标准。

不诚信是创业的大忌

企业价值观最终还要体现在企业员工的行为上。所以，任何一个有诚信的企业，对员工的要求必然会包含诚信这一项，必然选择企业能够完全信任的人。

创业十忌：第一，侥幸心理，堵电梯，群发邮件；第二，拍脑袋，点子不值钱；第三，理解事物本质不够；第四，堆砌成功模式；第五，伪需求，未解决用户的痛点；第六，偏执，这辈子我豁出去了；第七，低估创业难度，失败率极高；第八，故作神秘，自以为是；第九，不诚信；第十，描述不清，讲话没重点。

——2013年8月9日创新工场董事长兼CEO李开复新浪微博

被解雇员工的“举报”

诚信具有广泛的意义，并不应该仅仅局限在我们的生活中，企业管理一样缺少不了诚信。言行如一、言出必行，是管理者要坚持的准则。

李开复在苹果公司管理一个团队时，发现这个团队存在许多问题，甚至团队运转的方向都出现了很大的偏差。一年后，李开复确信这个团队的项目很难有成果，于是果断地把这个团队解散，此举受到了管理层和老板的一致认可。

团队解散后，团队中被解雇的一名员工来到李开复的办公室，对他说：“我们能认同这个结果，队伍的遭遇大家早有预见，我们的工作存在着问题，但是，我认为你的诚信也有该检讨的地方。”

李开复听完这话后很惊讶，他向来注重诚信，竟然也有需要检讨的地方？

这位员工进一步解释说：“之前，我们每次向你汇报工作时，你总是轻松地告诉我们，效率令人满意。我们相信你的心中早已经产生了怀疑，但是你为了鼓励我们，表现得言行不一。这种做法不利于我们及早发现问题，有失诚信。”

这番话点醒了李开复，对于管理者来说，鼓励下属时不能用空话，一时的安慰往往掩盖了事情的真相，对下属对团队都没有实际意义。而且，这种做法对下属极为不公，因为下属的工作表现不能被一再掩饰，这样做反而使下属失去了自我纠正的机会。管理者应该考虑的是公司和团队的长期信誉，一个真正谨守诚信的人要对所说的每一句话负责。

在竞争激烈的职场，诚信是企业的选择，同时也是个人的选择。个人会选择有诚信的公司任职，而企业选择员工也必然要求诚信。这种双向的选择证明了诚信在职场中的广泛性，它不仅是一种个人品质，也是企业和个人迈步向上的台阶。

治国立信莫失信

从古至今，诚信也一直为领导者所推崇，通过下面的故事，可以看出诚信对于管理的重要作用。

战国时，秦国的商鞅在秦孝公的支持下主持变法。当时处于战争频繁、人心惶惶之际，为了树立威信，推进改革，商鞅下令在都城南门外立一根三丈长的木头，并当众许下诺言：谁能把这根木头搬到北门，赏金十两。围观的人不相信如此轻而易举就办到的事能得到如此高的赏赐，结果没人肯出手一试。于是，商鞅将赏金提高到五十两。重赏之下，必有勇夫，终于有人站出来将木头扛到了北门，商鞅立即赏了他五十两。商鞅这一举动在百姓心中树立了威信，他接下来的变法就很快在秦国推广开了。新法使秦国渐渐强盛，最终统一了中国。

而在商鞅“立木取信”400年多前，却发生过一场令人啼笑皆非的“烽火戏诸侯”的闹剧。

周幽王有个宠妃叫褒姒，褒姒倾国倾城，却整日愁容满面。为博她一笑，周幽王下令在都城附近20多座烽火台上点起烽火。烽火是边关报警的信号，只有在外敌入侵需召诸侯来救援的时候才能点燃。结果诸侯们见到烽火，率领兵将们匆匆赶到后，才明白这是君王为博妃子一笑的花招，于是愤然离去。褒姒看到平日威仪赫赫的诸侯们手足无措的样子，终于开心一笑。

5年后，西夷犬戎大举攻周，幽王烽火再燃而诸侯未到，结果幽王被逼自刎，褒姒也被俘虏。

一个“立木取信”，一诺千金；一个言而无信，言行不一。而结果是前者变法成功，国强势壮；后者自取其辱，身死国亡。可见，诚信的作用可以定生死，平天下。

小到一个人，大到一个国家，无信不立，企业更是如此。曾经遍布中国的晋商，讲求的就是一个“信”字，为了这个“信”字，甚至倾家荡产也要兑现承诺。晋商的生意经里，“信”是长久的，做生意不能只看眼前，考虑要更长远。现代企业的要求和晋商如出一辙，正如李开复所说，企业价值观最终还要体现在企业员工的行为上。所以任何一个有诚信的企业，对员工的要求必然会包含诚信这一项。

企业选人才，人才也选企业。职场风云变幻，走得长久的，终究还是谨守诚信的人和企业。

职/场/圣/经

◎ 如何树立职场诚信形象

【1】**加强时间观念**。基本的上下班时间必须守时，工作完成时间也要有保证，如果任务来不及完成的话要及时和上司及组员沟通；再有，会议时间也要注意，宁早勿晚。把一天的时间分出几个大的板块来，完成主要的工作

任务，一些小的部分可以作为自由时间，做弥补工作进度之用。

【2】**敷衍是大忌**。职场里你要面对很多人，有上司、同事还有下属，不论对谁提出的要求，都要认真倾听。认同的话尽力帮助完成，有困难做不到的话也要直接说出来，不能敷衍对方，让对方产生误会；面对的也有可能是客户，对于客户的要求，更要认真负责，因为这时你代表的不仅是个人，还有公司的形象和信誉。如果是超出自己能力范围的事情，马上转交同事或者上司，以建立起可靠和值得信任的诚信形象。

敢于面对现实才能渡过难关

在成功的道路上，快乐总是和磨难同行的。有勇气追寻成功的人善于从教训中积累力量，从失败中获得新生。在他们看来，无论是感情上的挫折，还是事业上的坎坷，抑或是抉择时的失误，都可以为自己的成长提供最好的经验积累，都可以为自己的内心增添更多的勇气。

有人问我希望女儿成为什么样的人？我的回答：第一，一个快乐、让人信任喜欢的人；第二，一个有着诚信价值观的好人；第三，一个不被世俗信条所惑，拥有跟随内心和直觉的勇气的人；第四，一个找到自己心中的声音，做自己爱做的事情的人；第五，一个有独立思考能力，挑战自己的潜能的人。

——2013年6月29日创新工场董事长兼CEO李开复新浪微博

下决心解散整个团队

勇气，是敢于面对一切决不屈服的力量。真正勇敢的人，是可以坦然面对危难的猛士，更是无论面对何等处境的考验都依旧从容不迫的勇者。我们只有敢于面对现实的困境，才能找到困境的突破口，进而渡过难关。

在苹果公司的日子里，李开复曾接受过困境的考验。那时，李开复手下有一支队伍，这个队伍的项目负责人是老板极为欣赏的，两人关系很不错。但是，李开复清楚地知道，这个项目做得并不好，项目经理也不是一个有管理水平的人，他有心解散这支队伍，却顾虑颇多。而且对李开复来说，这支队伍在他的手里已经运转一年多了，如果解散这个队伍，也是对他工作的一种否定。

直到决定离开苹果公司的时候，李开复认为必须要对公司负责，于是顶着现实的困难和压力，裁掉了这个队伍。要知道，在这个敏感期做出这样有魄力的行动，是需要很大勇气的。李开复很快就付诸实施，令他惊讶的是，许多员工不但没有表现出对他的不满，相反还认同李开复的行为，认为他非常有勇气、有魄力；公司领导也没有因为此事责怪李开复，还表示这是个正确的决定。

李开复正是因为有勇气直面这个团队的现实问题，才提出了要解散团队的构想，进而赢得了员工的认同、上司的支持。

我们在生活中也会遇到各种困境，如果我们不敢直面现实，我们就无法找到解决问题的方法并冲破困境。现实的困难和压力一直摆在那里，有勇气的人会直面它，然后找到方法解决，尽管会有挑战，会有风险，但这正是勇者与普通人的区别所在。

年轻人要清楚地看到，无论是在职场还是在日常生活中，许多事情就像是挡在路上的石头，如果我们不能直面它，而是返回头逃走或是转个方向走，那么我们就无法到达目的地。事实上，现实的压力与磨难多种多样，可能是身体上的创伤，可能是思想上的空白，也可能是一些事情求而不得，真正勇敢的人应该拿出勇气去面对这些现实。因为只有敢于面对它， 才会知道自己将如何超越。

失明女孩的“光明世界”

压力无处不在，磨难也无时不有，对于勇者来说，这些其实只是成就荣光的铺垫。历史上从不乏这样的勇者，大家如果对《假如给我三天光明》还有印象的话，那么一定会想起它的作者，一位敢于直面命运加诸在她身上的苦难，敢于冲破现实阻挠创造出奇迹而蜚声国际的伟大女性——海伦·凯勒。

海伦·凯勒1880年出生于美国的一个小镇。不幸发生在她一岁时，一场大病无情地夺取了她的视力和听力，还有说话的能力，从此她陷入一个黑暗与寂静的世界。但是小海伦一直勇敢地活了下去，7岁的时候，她有了一位名叫安妮的启蒙老师。教导海伦是个艰难的挑战，幸运的是安妮是个有爱心和热情的女孩。她通过其他的方式，让海伦获得感受。安妮把海伦带到水房，把一滴水滴在她的一只手上，同时，在她的另一只手上拼写“水”的单词；安妮还让海伦尽量地摸东西，海伦摸到了什么东西，安妮就在她的手上拼什么词。正常人无法想象这是一个多么漫长而艰巨的任务。

海伦知道的渐渐多了，她开始努力学说话。聋哑学校校长福勒小姐亲自教她，福勒小姐发音时，就让海伦把手放在自己的脸上，用感觉来刺激舌头和嘴的牵动情况，然后模仿着发音。慢慢地，海伦能用嘴说话了。经过艰苦的训练，海伦奇迹般地学会了英、法、德、拉丁、希腊语等5种语言。海伦后来以优异的成绩考取了美国第一学府——哈佛大学，并且著有《我生活的故事》《假如给我三天光明》《我的老师》等感动几代人的著作。

李开复和海伦·凯勒无疑都是我们应该学习的榜样，他们的境遇不同，但是都敢于直面现实生活，寻找解决问题的方案，并最终战胜困境，取得成功。

职场上的我们在面对困难时，不能因为困难太大就选择逃避。方法总比困难多，只要我们敢于直面困难，就能找到解决困难的方法，进而冲破现实的阻挠，取得骄人的成绩。

职/场/圣/经

◎ 如何面对现实

【1】**放平心态**。人经常会有急躁的时候，当一个人过于急躁时，就容易忽略自己和身边人。这时候，适当散散步，或者来一次短暂的旅游，调整好心态，有助于建立面对现实的勇气。

【2】**对比研究**。历史上不乏身残志坚的人，这些人在面对命运加诸在他们身上的磨难时，依旧不失搏击的勇气，最终在各自的领域里取得极高的成就。阅读并牢记他们的事例，可以从中汲取面对现实的勇气。

反省自己，勇担责任

人与人之间的关系没有固定的公式可循，要从关心别人、体谅别人的角度出发，做事时为他人留下空间和余地，发生误会时要替他人着想，主动反省自己的过失，勇于承担责任。只要有了同理心，我们在工作和生活中就能避免许多抱怨、责难、嘲笑和讥讽，大家就可以在一个充满鼓励、谅解、支持和尊重的环境中愉快地工作和生活。

一个人所犯的错误首先会被别人看到，而在别人眼中，问题会显得更加客观和透彻。

——2003年12月李开复所撰文《同理心》

多元化的领导者

1998年，李开复在负责苹果公司改组后的图形图像部门时，部门里有一位年近六十的老工程师。这位专家觉得自己在一个年纪轻轻，又没有相关经验的人手下工作，很不服气。他不但不及时完成工作任务，在开会时，还经常倚老卖老，反对李开复的提案和决策。李开复对他以礼相待，一忍再忍，但部门的指标经常完不成，他不知道该如何处理。

这时，他请教了当时苹果公司的一位高级副总裁，副总裁直截了当地告诉他："开复，作为管理者，你的性格过于软弱。当你做出正确选择时，你需要拿起手里的武器，作为管理者，不仅要有智慧，还要有决心。我命令你，一个月之内，把这个人开除。"

回到部门，李开复尝试着用坚定的态度对待这位老专家。在工作时，李开复给他设定明确的工作目标，当他达不到目标的时候，李开复就会及时提醒他；在非公开场合，李开复也会对他漫不经心的工作态度进行严厉的警告……一个月刚过，这位专家就主动离开了公司。

在老专家走的当天，副总裁对李开复说："我知道一个月内开除一个人是很困难的事情，但我必须提醒你，好的管理者不能只是个技术专家，更多时候应该是个多元化的领导者。在领导力方面，我发现你的魄力并不够，员工虽然喜欢你，但并不全都尊敬你。所以，我给你出了个难题。现在你应该明白，尊重原则、有效执行在管理中的重要性了！"

李开复的经验告诉我们，距离自己最近的是自己，最难看清自己的也是自己；而你身边的人却像镜子一样，能清晰地把许多事情的一些线索或是某一部分展现在我们眼前。所以，我们没有理由拒绝别人的建议和批评。别人的意见是你进步的台阶。从别人的意见中，汲取对自己有益的东西，总结经验和教训，将其转化为成功的动力。反之，吃亏的往往是自己。

集思广益的市场方案

小李被公司委派去重庆开发市场。在接到公司的工作安排后，他很快拟就了一份市场开发方案。在开会研究时，他只把自己的方案简单地讲解了一遍，他手下的业务精英当场提出一些疑问和建议，但他却傲慢地说："我负责开发各地市场这么多年了，还不知道怎么做？这个方案就是正确的，不用再讨论了。"结果，公司付出了巨大的财力、物力、人力代价，却未能增加当地的市场份额。公司只好对他进行降职处分，重新安排另外的人顶替他的职务，开发这片市场。

新安排的小王，深知集思广益的重要性，所以他一上任便安排业务员对当地市场进行调研，然后集合所有负责当地市场的员工讨论。会上，他把各项市场开发方案列举出来，让大家根据考察的情况来讨论其可行性。业务员提出了许多中肯的意见。小王从中选了一些好的建议记了下来，进一步完善方案，最后，拟订出一个稳妥可行的方案。很快，公司就在重庆的市场上取得了成功。

这个故事告诉我们，固执己见往往只能走进死胡同。当今职场复杂多变，善于听取他人的意见，尤其是有勇气接受批评的意见，并且注意反思和调整自我定位，才能更好地适应环境，避开职场的潜流，进而借着大浪顺势而起。

美国著名诗人惠特曼曾说过："难道你的一切只是从那些羡慕你、关心你，常常站在你身边的人那里得来的吗？从那些反对你、指责你，或站在路上阻挡你的人那里，你学到的岂不是更多？"从别人眼中看自己，岂不更透彻？从别人眼中看自己，是借别人的力量来梳理自己，使自己的内在与外在有更大的进步和提升。

职/场/圣/经

◎ 如何听取别人的意见

【1】**保持谦逊**。不管是在日常生活中，还是在工作中，保持谦逊的态度都很重要。尤其向他人求教时，要记得说敬语："您看这里我不明白，向您请教了。"也要注意获得答案后的态度。虚心接受别人的意见，别人才会诚心地对你提意见。

【2】**多几双眼睛**。常和同事聊工作，关注大家都注意的问题。要多听取不同人的意见，仔细辨别，排除其中的主观成分。多几双眼睛，会让你看得更全面。

【3】**求教方法而不是结果**。要明确自己求教的是方法，而不是一时一事的解决。做到在求教的过程中，记录下这件事情的解决方法，同时自己多想多问，想想之后出现同类事情该如何处理。激发自己的创造性，提升自己举一反三的能力。

渡过难关的三大法宝：度量、勇气和智慧

我一直信奉以下做事的三原则：有勇气来改变可以改变的事情，有度量接受不可改变的事情，有智慧来分辨两者的不同。祝福中国的学生，当你碰到挫折时，能用这三个原则，以度量、勇气、智慧来帮助你渡过难关。

如今，我在各个学校进行巡回主题演讲，每年至少25场，面对至少10万名学生。当年那个羞涩、内向、恐惧的小伙子已经不复存在。这还得感谢那个暑假的尴尬经历，它让我认清自己，并让我勇于挑战自己。

——《世界因你不同：李开复自传》

暑期工得到的劣评

人生在世，挫折总是难免的，和许多年轻人一样，李开复也遭遇过挫折和失败。

1984年，李开复在卡内基—梅隆大学读博期间，曾做过一个假期的暑期工：为宾夕法尼亚州60个最聪明的高中生教授计算机教程。他很享受那段时光，每天积极兴奋地备课讲课，帮这些高中生设计各种作业，并且把学生分成小组，小组之间进行开发“奥赛罗”（也称黑白棋）的对抗。最终班级里的每一个学生都学会了写程序，这使他获得了州长的好评，他也体会到为人师的成就感。

课程结束时，李开复无意看到学生对老师的评估。打分是五分制，令他大吃一惊的是，学生给他的评分竟然是最低的一分！

学生在评语中写道："李开复的课程太枯燥了。"

"他上课的时候，从来没有看过我们的眼睛，只有他一个人在表演。"

这些评语像一盆冷水泼在他的头上。他面红耳赤、心灰意冷之余，对自己进行了一番检讨，结果发现自己欠缺表达能力。为了让自己的思想不被自身能力所限制，他虚心向学校的知名教授请教教学的经验和方法，然后自己努力实践，终于克服了心理障碍，成为一名好的沟通者和演讲者。

现在，李开复常常去各个学校进行巡回主题演讲，开导、鼓励年轻的大学生积极上进，勇于挑战自己，并且言传身教，用自己的经验告诉他们：在反思中走向成功。

在知识爆炸的社会大环境里，自省不仅是对自我品格的磨砺，也是时代对人才的要求。面对激烈的市场竞争，瞬息万变的市场环境，大家都被逼着犯错和转型的时候，只有那些懂得自省的个人和公司才能在市场中找到更准确的定位，纠正自身的错误，从而快速转型，求得发展。

无依无靠，只能靠自己

中国的传统哲学一向提倡自省的精神。曾子曰："吾日三省吾身。"就是要求我们面对挫折不气馁，积极发现自己的错误并加以改正，从而在反思与改正中获得不断的进步。

下面这个故事里，主人公截然不同的命运，给我们揭示了自省与挫折的关系。

有这样一对孪生兄弟，他们生活在同一个家庭，过着相同的生活，同样只受过短短5年的教育，但他们成年后却过着完全不同的生活。哥哥很努力，后来成为一家大型企业的董事长，并且还有一个完美的婚姻和两个可爱的孩子。他经常会拿出大量资金做慈善事业，赢得了社会的赞誉和好评。弟弟呢，成了一个瘾君子，靠偷窃和勒索为生，并且因为强奸罪被送进了监狱。

当记者问他们为什么会有今天的状况时，他们的回答耐人寻味。弟弟的回答是："我出生在一个破碎的家庭，我有一个酗酒残暴的爸爸，他的脾气十分暴躁，经常打我妈妈。一次醉酒斗殴，我爸爸成了一名杀人犯。因此，我很小的时候就开始四处流浪。这样的环境，我还能怎样？"

不同的是，哥哥想得更多一些："我很小就没有了家，开始流浪。我还有什么可依靠，我只能依靠自己。在别人的白眼下，我做过很多工作。每次工作我都会学到东西，一天天更清楚自己需要的是什么，缺少的又是什么，再一天天地弥补。就这样，我一步步走到了今天。"

就像故事里的哥哥一样，懂得自省的人每每会在心里思量：自己究竟是怎样的一个人？自己的职业道路该如何定位？怎样才能把事情做得更好？这种内心的思考，会更容易发现更合适的改进方法。于是，有过深刻内心自省的人往往拥有强大的内心，能正确地对待职场里形形色色的人，也更容易获得成功。

职/场/圣/经

◎ 如何重新找回信心

【1】**确定一个新目标**。如果职场上的挫折毁掉了原有的目标，干扰了自己原来的工作方式。那么，建立一个新的、更加具体的目标，先分析新目标成功的可能性和执行方法，将目标分成具体的实现步骤，一步一步去实现它，逐渐建立个人的自信。

【2】**优势比较建立信心**。找职场中和你遭受相同或者更严重挫折的人进行比较，比较自己未受挫方面的优势，记录下这些优势，并且在日后的工作中注重发挥自己的优势方面。同时，通过比较寻找自己出现的错误，借鉴他人的经验，规避日后工作中可能出现的危机。

【3】**倾诉**。将自己的痛苦向他人倾诉。适度倾诉，可以将痛苦随着语言的倾诉逐步转化出去。如果倾诉对象具有较高的学识、修养和领悟力，他会对你进行贴心的安慰，鼓起你奋进的勇气。

第5章

养成四维情商

做最好的

管理

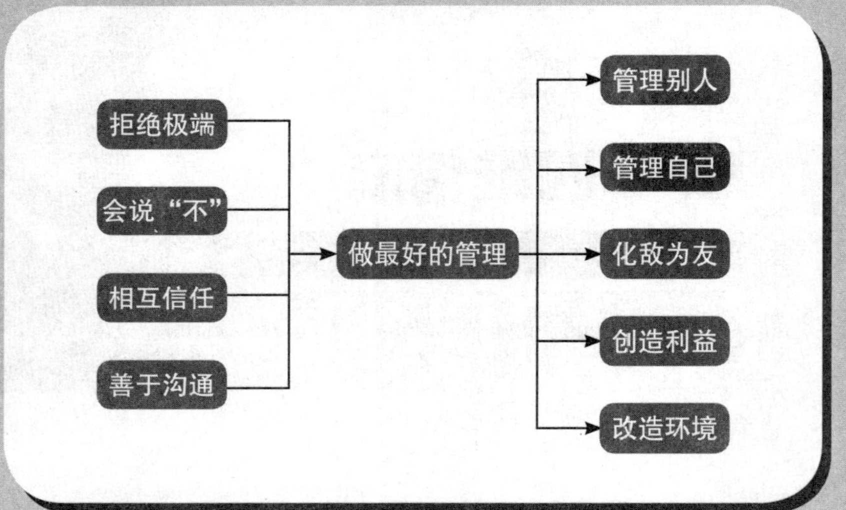
拒绝极端
会说“不”
相互信任
善于沟通
做最好的管理
管理别人
管理自己
化敌为友
创造利益
改造环境

你想怎么被管理，就怎么去管理

如果领导者善于倾听每个员工的心声，善于取得员工的理解和支持，他的企业就可以营造出非常好的沟通氛围，而这种氛围正是许多企业成功的秘诀之一。

如何领导聪明人？第一，聪明人知道自己的价值，并希望你也知道——多花时间去理解和认可每个人的卓越之处；第二，聪明人不喜欢被领导——多放权，让员工自己决定怎么做；第三，领导的责任是指定方向，协调合作，维护公司文化，招聘优秀人员。总结：你想怎么被管理，就怎么去管理。

——2013年8月28日创新工场董事长兼CEO李开复新浪微博

会议上的谩骂

一个优秀的管理者，应该在他的团队里营造出良好的沟通氛围。但现代企业里，下属顶撞上司的事并不少见。也许是出于压力，也许是为了逃避责任，如果下属对你产生抱怨，还出言不逊，作为管理人员的你这时候该如何应对呢？

我们看看李开复是怎么处理的。在他担任苹果公司多媒体互动部门的总监时，发生过这样一件事：在一次会议上，一位员工因为自己的妻子和朋友都被公司裁掉了，就把怒气发泄在会议室里职位最高的李开复身上。这位员工大骂李开复和公司领导，语言简直不堪入耳。

李开复感觉很气愤，毕竟这种谩骂的行为十分恶劣，但作为出色的管理人员，他冷静地对这个员工说："现在这个时候，对你对我对公司来说，都是非常困难的。我理解你的心情，等你冷静下来后，请告诉我什么是你认为最合适的做法，我们可以详细地聊一聊。"

后来，这位员工冷静下来，私下向李开复道歉，并感谢李开复没有当众给他难堪。一年后，这位员工搬到欧洲，但依旧用电子邮件和李开复交流，过年也会寄贺年卡给李开复。

谈到这件事，李开复是这样描述自己当时内心想法的："当时，我的第一反应是气愤，因为他这种谩骂的做法十分恶劣，但就在怒气即将爆发的一刻，我想到，人难免会在亲人受到伤害时失去理智，难免会在灾难来临时失去风度。接着我又想到，他的做法虽然出格，但是，公司里有同样想法的员工一定不止他一个，只是不敢表达罢了。最后我想到，作为这个部门的总监，我代表的是公司利益，不能因为一时愤怒而影响正常工作的进展。"

"人非圣贤，孰能无过。"李开复在这件事情上，以宽容之心体谅下属的一时激愤，既体现了自己为人的宽厚，也保全了下属的面子，化解了下属的尴尬。投桃报李，下属才会为团队，也会为你付出更多的努力。

楚王断缨

故事发生在春秋时期。一日，楚庄王大宴群臣，美酒佳肴，歌舞不绝。君臣意兴正浓，楚庄王命令他最宠爱的妃子许姬和麦姬向各位大臣斟酒助兴。

忽然吹来一阵狂风，灯盏皆被吹灭，殿上一片漆黑。此间，一位大臣无意中摸了许姬的玉手。许姬羞怒之下扯断了他的帽缨，随后匆匆回到座位上向楚庄王低声哭诉："刚才有人趁机调戏我，被我扯下了帽缨。大王您命人把蜡烛点起，便能见分晓。"

楚庄王听后，并没有那么做，他缓缓地说："寡人今日与众位爱卿欢宴。君臣之礼勿论，但求尽兴。吾等断缨散发，一醉方休。"

于是，众人都披头散发。

此后不久，楚国和郑国开战，楚庄王被敌军围困，险些被擒，正是当日调戏王妃的将军冒死杀入敌阵，浴血奋战，救出楚庄王。楚军士气大振，大获全胜。

楚庄王的获救，是这位将军的功劳，但起因正是楚庄王昔日的宽容。他帮助将军化解尴尬，救了自己一命，也等同于救了一国。

现代管理者更要学习这种管理方法，适时地化解下属的尴尬，既体现了自己的宽厚、维护团队合作，也保全了下属的颜面，下属会在以后为你、为团队付出更多的努力。当然，这里所说的是无伤大雅的过失，一旦下属犯了原则性错误，管理者就要区别对待了。

职/场/圣/经

◎ 怎样避免和化解下属的尴尬

【1】**及时提醒**。当下属的工作出现问题时，管理者要及时提醒，这样一方面保证了工作的进度，另一方面也是提前消弭下属不满、失望的情绪。

【2】**重视下属的抱怨**。员工在工作中，难免会有不满情绪。这时候管理者要做的就是疏导工作，绝对不能采用强行压制的办法，否则彼此都会尴尬，而且也不利于工作的开展。

【3】**做出正面、清晰的回复**。很多时候下属的尴尬，是因为领导回复时的含糊。下属会以为自己哪里出了问题而不断地揣测，平白无故地降低了工作效率。

加强自己的优点，并管理自己的缺点

中国式教育认为人的成长是不断克服缺点的过程，所以老师更多是在批评学生，让学生弥补最差的学科。虽然应把每科都学得“足够好”，但人才的价值在于充分发挥个人最大的优点。

美国盖洛普公司的研究人员发现：大部分人在成长过程中都试着“改变自己的缺点，希望把缺点变为优点”，但他们却碰到了更多的困难和痛苦；而少数最快乐、最成功的人的秘诀是“加强自己的优点，并管理自己的缺点”。“管理自己的缺点”就是在不足的地方做得足够好，“加强自己的优点”就是把大部分精力花在自己感兴趣的事情上，从而获得无比的自信。

——2004年5月李开复所撰文《自信的第一步》

争吵时能力是相减的

假设人是一块金属，自信就是金属磁性。一块带有磁性的金属可以吸住比它重数倍的物体，这就是自信对潜能的放大效应。

自信，是开发潜能的金钥匙，也是一个放大镜，会对个人潜能产生神奇的放大效应。李开复曾坦言，自己的沟通能力是后天锻炼出来的。在初进微软公司时，面对新的环境，他虽然能和同事进行一般的沟通，但到了公司高层，尤其是在比尔·盖茨面前，就讲不出话来，直到有一天。

一天，微软公司要进行改组，比尔·盖茨召集10多个人开会，每个人都要发言。李开复想着既然自己一定要讲，不如把心里的想法都说出来。于是，李开复一改平时的温和形象，直接对与会人员说："在微软公司，员工的智商比谁都高，但是工作效率却比谁都差。这正是我们整天改组，不顾及员工的感触所造成的。在别的公司，员工的能力是相加的关系，而在我们公司，整日陷在'改组斗争'里，我们员工的能力其实是相减的关系……"

整个会议室里鸦雀无声，李开复的一番言论说出了公司许多同事的心声。会后，不少同事给李开复发电子邮件表示支持。结果，比尔·盖茨也接受了李开复的建议，并且在以后面对公司内部纷争时，常常说道："大家忘记了吗，开复说过，我们争吵时能力是相减的。"微软公司也逐渐减少了内部消耗的情况。

回忆起这件事，李开复认为，人身上蕴藏着巨大的潜能，做事情要有充分的自信，不试就不知道自己的潜力有多大，也永远不能突破自我局限。闻名于世的心理学家威廉·詹姆斯认为，天才并非是天生的，而是因为潜能被后天开发出来，才被人们称为"天才"。要开发出潜能，就要有自信和积极的心态。

"后天神童"的潜能

提起天才，德国就有一位著名的"后天神童"——年仅14岁的哲学博士卡尔·威特。

事实上，威特小时候并不聪明，还先天不足，很多人认为他是一个白痴。然而他的父亲老威特却不这样认为。他说："我认为最重要的未必是天赋。孩子是白痴还是天才，关键在于能否通过教育开发出他的潜能。一旦开发出孩子的潜能，他一定会成为一个非凡的人。"

就这样，老威特买来一些儿童读物，耐心地把有趣的故事讲给小威特听，唤起小威特对知识的渴求。每当小威特听得津津有味时，老威特便停住，还对孩子说："看，爸爸太忙了，没有很多时间给你讲故事了。我可爱的孩子，相信自己，书在这里，你自己读吧。”

从此，小威特自己认真地读书，他知道，如果自己能认识许许多多的字，就会知道许许多多的故事。所以，他学习非常刻苦。

8岁的时候，小威特在爸爸的鼓励下，已经能够熟练地运用德、法、拉丁语等6种语言，而且还通晓物理、化学，尤其擅长数学。9岁时，他考入了莱比锡大学。14岁时，他被授予哲学博士学位。两年之后，又获得法学博士学位，并被任命为柏林大学的法学教授。23岁他发表了《但丁的误解》一书，成为研究但丁的权威。

威特在父亲的鼓励下，对自己充满信心，他靠着这种自信，挖掘出自身的潜力，刻苦攻读，最终取得非凡的成绩。自信是挖掘自身潜力的最好工具，如果我们足够自信，那么我们就能挖掘出自己的潜能，在职场上发挥出自己的最高水平。

人的潜能有多大？有多少开发出来了？普通人可能是10%左右，一般的科学家是30%左右，爱因斯坦是70%左右。可见，人有无穷的力量，可是使用的却极为有限——你的身边是取之不尽的财富，却不知道该如何抓住，这就是普通人。所以，尽情开发你的潜能吧，它是你一辈子都开发不完的。

职／场／圣／经

◎ 怎样用自信提升自己

【1】**自我暗示**。每天早晨起来，对着镜子说“我能行”。有时，工作任务极具挑战性，就更不能否定自己，给自己一个必定能完成的理由。比如说为了工作后的假期，那么就告诉自己，这个任务不过是假期前的一个准备。

【2】**面带微笑**。每天要保持积极的心态，没有什么方法比面带微笑更直接有效的了。对着镜子的时候笑，对着同事、上司的时候保持微笑，在家里也是，你微笑了，就会得到别人善意的回应。

【3】**横向对比**。看看身边的同事，想一想为什么他们都完成了任务，你

却完成不了？再想一想，如果这个任务他们完成不了的话，凭什么就认定你也完成不了呢？记得不要看轻自己。

要有对上司提要求的情商

在情商所描述的各项能力因素中，自觉、同理心、自律和人际关系（四维情商）是四种对现代人的事业成败起决定性作用的关键因素。

选择的智慧：第一，用中庸拒绝极端；第二，用理智分析情景；第三，用务实发挥影响；第四，用冷静掌控抉择；第五，用自觉端正态度；第六，用学习累积经验；第七，用勇气放弃包袱；第八，用真心追随智慧。

——2012年8月25日创新工场董事长兼CEO李开复新浪微博

开复也不是万能的

有的人能力很强，同时做了两个人或两个人以上的工作，但当老板或上司提出新的工作时，他却不好意思推掉或提出升职加薪的要求。李开复对类似的做法很不赞同。

李开复在一次研究院的会议中，让他的助理凌小宁在白板上写下这样一道题目：如何让老板说“不”。他对他的员工说：“你有权力说‘是’或者‘不’。我们中国人总是以为，我是为老板工作的，所以总是想老板会怎样想。其实，你做事情不是为你的老板，而是为你的公司。你拥有这个项目，你就拥有权力。你应该相信，在你自己的领域里，你比老板懂得多，比开复懂得多，开复也不是万能的……”

一位研究员听后，鼓起勇气说：“开复，作为副研究员，我们总在担心两年后能不能转正的问题，没法专心研究。你知道吗，现在‘正研’和‘副研’

之间有一条看不见的鸿沟，我们甚至觉得我们和‘正研’不是一家人。”

这时候，李开复给了他一个“标准答案”：“我理解大家会有这种顾虑，但是你要想留在微软公司，就不要想后路。”

这句话说得不痛不痒，大家都不太满意。一个副研究员接着说：“开复，你的道理是对的，但那是经理的立场，用中国人的话说就是‘站着说话不腰疼’。你想想，我们是名牌大学的博士生，给微软做‘临时工’，也不知道有没有前途，请你为我们想想！”

李开复笑着说：“这就对了，我要的就是这种开诚布公的讨论，谢谢你的质疑。你说得对，我这样回答是不合适的，我再给你们介绍一下关于副研究员的制度，之后大家再发表看法……真的劝你们不要整天把心思都花在担心上。更糟糕的是，如果你总想把别人比下去，那你就没有希望了。因为我们需要的不仅仅是创新和成果，更需要团队合作的精神。”

这时，李开复已经感觉到气氛变得融洽了。

副研究员们如果不提出要求，李开复永远不知道他们想什么，他们要什么，也就无法给他们一个合理的解释或合理的安排。李开复鼓励他们提出自己的要求，就是想让大家对公司说“不”，对上司说“不”，这样，他才能有针对性地解决管理中出现的问题。

聪明的管理者为了留住人才，一定会尽量满足自己的下属提出的要求。如果我们谁也不提出自己的要求，或对上面的安排即使不满意也不吭声，那么，管理者会认为这样做下去就是对的，就是令大家满意的，很可能一直执行下去，这就加深了自己对公司或上司的厌倦。所以，如果我们做出了某些成绩，就要向公司或上司提出自己的要求。

对新主管提点要求

徐英已经是公司的老员工了，他的业务能力很强，但因为性格比较内敛，不善于争取，所以一直没有被提拔。

徐英的上司被调走后，公司从外面请来一位新主管。新主管看徐英是老员工，懂得多，就经常加派一些工作让他做。徐英觉得这也是上司看得起自己，所以没有怨言。但是，徐英发现他的工作量越来越大，而工资却一直没有涨。这下他不干了，他找到新主管，说："您看看，我现在的工作量已经超出我的工作范围，而且超出很多。晚上还要加班才能完成，每天这样我怕我吃不消啊！"新主管明白了徐英的意思，对他说："你的工资我会适当调整的，另外，我知道你的工作量够大了，再有任务时我不会加派给你，你只要做好手中的工作就可以了。"

徐英没想到问题这么容易就解决了，他一个劲儿地对新主管说"谢谢"。经过这件事后，徐英才明白有些东西是靠自己争取的，于是他更加积极地工作，希望在合适的时候当上主管。

一年后，新主管离开，徐英不失时机地自荐做主管。公司也觉得徐英表现不错，便给了他3个月的试用期。结果徐英顺利通过试用期，当上了部门主管。

如果徐英不向新主管提出要求，就不会得到加薪的机会，更不会有升职的机会。提要求，就是变相地对上司表示抗议。新主管走后，他毛遂自荐，公司考虑到他的业绩和工作经验，给了他升职的机会。我们在工作中要适当地提要求，只要有能力，就不怕说"不"。

职／场／圣／经

◎ 怎样向上司提要求

【1】**找准人和时间**。找准人就是要找到有权决定你薪水的人，但谈薪水之前，要先了解公司内外与你相同职务的人的薪水。找准时间就是不要在你的上司心情不好时去说。

【2】**拿自己的业绩说话**。提要求时，要让上司知道你为公司节省了多少钱，或获取了多少经济效益。最好把时间、地点、工作经历也说一下。

【3】**不要犹豫不决**。向上司提条件时不要犹豫不决，否则上司会觉得你的要求没道理，满足可以，不满足也可以。

学会“不同意”的艺术

在尊重的基础上说“不”。如果你是一个值得尊重而且也尊重别人的人，那么没有哪位有修养的听众会因为你的意见与他不同而不尊重你，包括你的上司。

“不同意”的艺术：第一，先用同理心获得别人尊重，使别人倾听你的想法；第二，对事不对人；第三，考虑他人观点，并对自己观点保持自信；第四，尊重对方，保持建设性；第五，提出反对意见时要委婉，不伤和气；第六，提问要循循善诱，慢慢引导对方；第七，当众论事，事后批评；第八，只在必要时展开争论，原则问题要坚持己见。

——2013年8月15日创新工场董事长兼CEO李开复新浪微博

在尊重老板的前提下提意见

单凭熟练的技能和勤恳的态度，你在职场里未必能一帆风顺，但如果加上上司的赏识，自然就会是另一番局面了。相信许多职场新人都想与上司保持良好的关系，然而，与上司之间的关系是一门微妙的学问，尤其是如何表达与上司的不同意见，是需要我们不断学习的。李开复丰富的阅历和职场经验为我们提供了鲜活的教材。

谈起李开复，与他共过事的几位总裁都给予了很高的评价。这一方面是因为他取得了丰硕的工作成果，另一方面也要归功于他与上司一直维系着良好的关系。他为人自信又不失谦和，对上司既保持应有的尊重，又有一些自己的见解，因此得到了几个老板的交口称赞。

李开复在处理与老板的关系时，很注意自己的态度，他把尊重放在第一位。当他的意见与老板的意见发生冲突时，他会在尊重老板的前提下提出自己的意见，这样既保全了老板的尊严，又让自己的意见得到采用。

对领导的尊重是沟通的基础，它能够使上司与下属的关系融洽。李开复之所以受到老板的喜爱，就是因为他即使在说“不”的时候也是以尊重老板为前提的。所以，当我们对自己的老板或上司说“不”时，一定要注意表达出我们对老板或上司的尊重。只有这样，老板或上司才能听取我们的意见，重视我们的看法，进而采用。

挑战上司的权威后果很严重

夏荷是大胜食品公司的销售助理，她的上司——销售后勤部主管张惠是个脾气较为急躁的人，经常催促员工工作，而忽略工作的难度系数，因此不服她的员工有很多。

这天，夏荷把销售报表和结构分析图交给张惠，张惠只扫了一眼便对她说：“重做，一个小时之内做完！”夏荷张大了嘴巴：“你怎么还没看就要我重做？”张惠指着结构分析图说：“你看看吧，这张结构分析图一看就是错的，我们A区的销售量什么时候占过那么大比例？得出这样的结果一定是数据出错了。”

夏荷很不服气，这些数据是经过她严格考察才计算出来的，她只看了一眼就说错，有什么道理？夏荷很不高兴地说：“我不会重做的，我的数据很精准，得出这样的结论不是我做出来的，而是客观事实。你要我在一个小时内改完交给你是不现实的。不然你自己做做看，恐怕不如我们呢！”几句话把张惠呛得哑口无言，指着夏荷说：“你厉害，你等着。”

几天后，夏荷收到公司的解雇函，夏荷知道这是自己得罪张惠造成的，在她心里，张惠就是没有能力担任领导。但是，现在饭碗没了，她要重新找工作，实在太痛苦了。

在找工作的过程中，夏荷反省了自己的行为，且不说张惠要她重做，并在短时间内完成对不对，单凭自己对她的态度，她就有理由解雇自己。一个不尊重上司的人怎么能服从公司的领导呢？一个被下属这样“教训”的领导还怎么管理手下的员工？

后来经查明，夏荷的报表确实没有错，是那个月业务员拉了两次团体采购提升了A区的销售量。但此时夏荷已离开公司了，如果当初她能好好说出这个“不”字，事情就不会到这个地步。

夏荷经过面试进入另一家公司后，吸取之前的教训，学着欣赏上司的优点，发自内心地对上司产生尊重之情，并且对上司布置的任务尽心地执行，因此很快就得到上司的赏识。

就像夏荷反省的那样，如果我们在不尊重领导的基础上，把“不”字说出来，那么这个“不”字会给我们带来强大的杀伤力。上司最希望得到下属的尊重，他在我们面前有了尊严，有了威望，才能更好地管理我们。如果我们不尊重他并说“不”，必然会在言语里带出不屑或傲慢，这样上司的权威受损，就算他不至于公报私仇，我们的日子也不好过了。

在职场中生存，就要意识到尊重上司的重要性，尤其是在表达自己的不同意见时，更要表现出对上司的尊重。只有这样，上司才会充分考虑我们的意见，采用合理部分。

职/场/圣/经

◎ 对上司说“不”时怎样表现出尊重

【1】不直接说“不”。如果你的上司拿出一项提议在会议上讨论，你不要急于表达自己的反对意见，先听听别人怎么说。如果你在综合了别人的意见后，还是觉得自己的意见是对的，那么你可以对你的上司说，实行这个提议会有什么后果。不要一上来就说“我觉得你的提议有问题”之类的话。

【2】让上司能维持尊严。说“不”最好是在老板或上司的办公室，而不是在公共场合。这样上司能保持尊严。

【3】**根本的还是要发自内心地尊重上司**。每个人身上都有优点，我们要善于发现上司身上的优点，从内心对上司产生敬慕之情，这样我们显示出来的态度自然是诚恳和尊重的。

与拒绝者成为朋友

你有权利说“是”或者“不”。

被人拒绝不可怕。如何从被拒绝到成功？第一，了解为何被拒绝，更容易从拒绝中走出；第二，弱化沮丧感：向同行学习经验，与拒绝者成为朋友，扩大朋友圈等；第三，摒弃无用的拒绝：专注于可以改变情况；第四，从拒绝中学习：将其转化为成功的基石；第五，磨炼商务技能：彻底提高个人能力。

——2013年2月2日创新工场董事长兼CEO李开复新浪微博

为公司拒绝老板

作为一个长期生活在美国的中国人，李开复坦诚地面对媒体和大众，用自己的体会解释了美国文化和中国文化的区别。其中，他对年轻人提出一条建议：你有拒绝的权利。

1999年，刘挺到六西格玛面试，是从哈尔滨坐火车去的，他很出色，留在了微软中国。后来有人悄悄告诉李开复说，刘挺认为，研究院说他们既可以坐飞机也可以坐火车，其实是希望大家坐火车节省经费。听到这件事，李开复很惊讶，他真切地感受到了中西方文化的差异。于是在以后的工作中，他格外注重中西方思维方式的不同。在与其他研究院的接触中，李开复进一步发现，中国研究员普遍认为自己是为老板工作的，所以总是想老板会怎样想，自己该怎样去做。面对这种想法，李开复坦诚地告诉大家：“你做事情不是为你的老板，而是为你的公司。”

这种现象在我们身边也屡见不鲜。对老板命令的盲从，几乎是职场里的惯性行为。很多时候，面对老板的错误命令，或者是超负荷的命令，员工慑于老板的压力，或是出于某些方面的考虑，不会拒绝命令而是马上应承下来，结果却成了自己的枷锁。

其实，一个成熟、自信的人都懂得，人有说“不”的权利，在老板面前也是如此。这并不是一种反叛，而是在理解尊重的前提下说“不”，反映的是自己对工作认真负责的态度。只不过，对老板说“不”要注意方法，避免和老板正面冲突，要表明自己是为公司和大家的利益才这样做的。

拒绝老板时，可以尝试“先肯定，后否定，再安抚”的方法，具体来说就是不管老板对你下达怎样的命令，都用尽可能积极的回答来回应，接着再缓和地向否定过渡，如：“您的计划因为某些原因我们暂时还做不到……”注意要解释清楚做不到的原因，最后再用自己的积极态度“安抚”老板：“不过您放心，我们一定想办法尽快完成！”

这是职场里比较常见也普遍适用的拒绝方法，其中关键就是要体现出自己的诚意和积极的态度。在自己的工作领域，应该相信自己的专业素质，面对老板的不适当要求，更应该掌握这个方法。一方面，既合理地拒绝了老板，另一方面，也不失专业素养和职业操守。此外，还可以推动自己提案的进行。

为公司反对经理

德国一家贸易公司请人设计了一个商标，开会征求各部门的意见。经理报告说：“商标的主题是旭日，象征公司无限的前景。同时，这个商标很像日本的国旗，有利于日本市场的开拓。”

接着经理征求其他部门主任的意见。营业部主任和广告部主任都极力恭维经理的构思巧妙，只有一个年轻职员说：“我也觉得这个商标不错，但似乎并不妥当。”

“怎么，你不喜欢这个设计？”经理吃惊地问他。

“我是不喜欢这个商标。”年轻人直率地回答，“我恐怕它太好了。”

经理笑着问：“你能说得具体一些吗？”

年轻人点点头，继续说道：“这个设计鲜明而生动，因为和日本国旗相似，无论哪个日本人都会喜欢的。但是我们还有一些重要市场，如中国及东南亚国家，因为历史原因，这些国家的人们恐怕很难喜欢这个商标，甚至会产生反感。也就是说，要是因为这个商标的关系使他们不愿意购买我们的产品，这不是因小失大了吗？本公司的营业计划是要扩展中国和东南亚国家市场的贸易额……”

“天啊，我怎么没想到这点，幸亏你及时提醒。”经理笑着接受他的提议。

这个青年凭借一句“我恐怕它太好了”的妙语，先打开局面，接着肯定了设计出色的方面，满足了经理的自尊心，然后再提出反对意见，经理也不会觉得难堪，并且能仔细聆听下去。这个年轻人敢于向上司说“不”，不仅阻止了一个不成熟提议将产生的恶劣影响，也展示出自己的能力和敬业精神。

尽管员工是在老板手下工作，但在人格上却是独立的，这包括独立的思想和独立的工作方式。本着对工作负责的态度，做好精心的准备和研究，面对老板的不合理要求，你可以说“不”，这是为了公司，也是为了你自己。

职/场/圣/经

◎ 怎样对上司说“不”

【1】**弄清上司的意图**。当上司交给你一项任务时，应该问清楚他的要求、工作性质、完成期限等。在交接任务的时候，对有疑问的地方要大胆提出来。

【2】**就事论事**。如果与上司之间有争议，不要回避问题，要在尊重上司的前提下，寻找解决方案，要针对事情而不是针对上司，表现出自己为公

司、为团队负责的态度。

【3】**尽量避免正面冲突**。上司有错时，尽量不要当众纠正，最好是侧面提醒上司，而不是直接指出上司的错误。

将团队利益最大化

俗话说得好，“蛇无头不行”。对一个部门来说，出色的团队领导，不仅代表着更大、更有前景的发展，也意味着每个部门成员都有了一个可靠的伙伴。

要想使团队利益最大化，团队领导必须以身作则。道理听起来简单，但在实际工作中，很多领导习惯于用权威隐藏自己的弱点，这样的领导是无法获得员工信赖的，员工更愿意追随的是坦白真诚的领导。

——2013年10月创新工场董事长兼CEO李开复语录

裁掉同门师兄

职场中，纪律是一切制度的基石，长久存在的团队，必定有着公平且全员遵守的团队纪律。身为一个优秀的企业管理人，李开复深知，要将团队利益最大化，领导者就要以身作则，维护团队纪律。

李开复在苹果公司语音小组担任负责人时，面临过一次私人感情和团队纪律的艰难选择，对象是他的一位同门师兄（同为瑞迪教授的学生）。在语音小组里，这位师兄工作散漫，少有业绩，小组成员大都不认同他。经过苹果公司内部人士管理机构的多方打分和测评，他被列入被裁人员的名单。原被裁人员名单里还有另外一个年轻人，这个年轻人刚到语音小组不久，没有多少机会表现，所以得分也偏低。小组的裁员权力掌握在李开复的手中，他在心里权衡了很久，觉得应该把机会留给那位缺少表现的年轻人。

同门师兄知道自己上了裁员黑名单后，跑到李开复面前苦苦哀求，说自己年纪已经不小了，还有两个孩子，恳求李开复能顾及同窗情谊把他留下。瑞迪教授也给李开复打来电话，希望他能尽量照顾师兄。最终，李开复还是决心抛开私人感情，维护团队纪律，留下了可发展性更大的年轻人。

我们可以想象，李开复一旦徇了私情，团队成员会怎么想，团队的向心力会被破坏到什么程度。正所谓“慈不掌兵”，一个出色的管理者，应该和李开复一样做到抛开私情，坚持正确的原则，以身作则，这是建立和维系团队纪律最首要的一点。管理者也只有做到这一点，才能建立起有效的执行力。

孙武杀姬

《左传》中有一则孙武练兵的故事。讲吴王召见孙武时，见孙武谈论带兵打仗之事颇有见解，便有心出难题考验一下孙武的实际练兵能力。吴王命侍卫挑选了一百名姬妃宫女，交给孙武训练。

孙武选出吴王的两个宠姬担任队长，然后将队列操练的要领一一讲给宫女们听，但正当喊口令时，这些宫女乐不可支，乱作一团，谁也不听号令。孙武再次讲解了要领，并要两个队长以身作则。当他再次喊起口令时，宫女们还是满不在乎，两个宠姬队长更是笑得肆无忌惮。于是，孙武严厉地说道：“这里不是王宫，是演武场；你们现在不是宫女，是军人；我的口令就是军令，军令如山，不得玩笑。不按口令操练，两个队长带头不听指挥，这就是违抗军法，理当斩首！”说完，便叫武士上前将两个宠姬杀了。

宫女们顿时吓得不敢做声，孙武再喊口令时，她们乖乖地按口令行事。很快，宫女们便在口令下步调整齐、动作统一。训练初见成效，孙武派人请吴王检阅。吴王正为失去两个宠姬而惋惜，全无检阅的心思，只是派人对孙武说：“先生的带兵之道我已领教，由你训练出的部队一定纪律严明，百战百胜。”

孙武没有偏袒吴王的两个宠妃，将她们按军纪处理，使得原来混乱不堪的宫女队伍训练有素，整齐划一。因而，吴王不能不承认孙武的带兵能力。孙武以这样的作风训练军队，军队的战斗力定会大大增强，整个团队的伤亡就会减少，声誉就会扩大，军队的利益也就得到最大化。

身在职场的管理者如果能以身作则，维护团队纪律，争取将团队利益最大化，那么整个团队的竞争力就会是强劲的。

职／场／圣／经

◎ 管理者怎样以身作则

【1】**不推卸责任**。属于领导的责任，绝不能推卸到下属的头上。要担起责任，摒弃自私的心理。

【2】**遵守公司的规定**。公司会有一系列的规定，身为领导，除非迫不得已，否则不要轻易破坏公司的规定。领导以身作则，员工自然也会遵守。

【3】**不轻易许诺**。作为领导，不能辜负下属的期望，为了维护领导的威信，一旦许诺，就一定要达成。

相互信任是团队合作的基础

相互信任是团队精神中最重要的一点。如果没有了信任，每一个成员就无法知道自己的努力能否转化成团队的成功。在一个良好的团队里，每个成员都愿意与其他成员坦诚地分享自己的忧虑、弱点、风险、目标和动机。

四种不良的团队合作现象：第一，竞争心理作祟。“互为对手、互相提防”的畸形心理很要不得；第二，“负面”默契。为了逃避责任或不当罪人，集体沉默，不及时将问题反馈；第三，个人英雄主义。优秀但不懂得团队精神的人，在团队中只会起到负面作用；第四，因小失大。为了实现个人利益，不以大局为重，因小失大。

——2013年7月30日创新工场董事长兼CEO李开复新浪微博

老板就是教练

一个具有高效、团结的团队，最为核心的是要有相互信任的合作精神。这种信任出自成员坚信团队至上，团队成功也是个人成功。这样的一个团队里，人人都为团队的目标而共同努力、相互信任，成员的工作效率和热情会随着团队的发展而愈加高涨。

李开复同时指出，团队成员需要相互信任，也需要相互负责。在生活中，人们总是希望别人少管闲事，但是在职场中，如果大家都少管闲事，那么团队成员就很难建立起真正的信任。

李开复曾讲过这样一个故事。在一次部门会议上，负责市场部的经理对大家说："市场是我的工作，你们不必插手，我也不会插手管你们部门的事务。"当时，参会人员大多没有在意，但是另一位负责销售部的经理站了起来，慷慨激昂地说："这怎么可以？我们是一个队伍，市场部又不是独立出去的部门，这就像打篮球时球员不能脱离球队一样，市场部要做的应该是帮助产品部门寻找产品定位，为销售部门挖掘潜在的客户信息。老板就是我们的教练，在休息时，老板会把大家聚集在一起讨论球队该如何夺取胜利。难道你觉得，教练只是单独和每个人讨论战略战术吗？如果那样做的话，后卫不知道前锋想什么，中锋也不知道该如何配合前锋，这样的球队能够赢得比赛吗？"大家都赞同这位经理的意见，并拿出相互信任的态度，改正了工作上的一些错误做法。

正像故事里销售部经理讲的那样，部门各有分工，团队里的成员也各有才能，如果每个人都像球场上的球员一样各司其职，没有合作精神，只依靠单打独斗，是不可能赢得比赛的。只有勇于面对自己的过失，乐于认可他人的长处，个人才会融入团队当中，做大家信任的一员。这一点年轻人要尤为注意，让别人信任你，先信任别人，合作精神要求展现出你最坦诚的一面，这对当前的工作和未来的发展都会产生很直观、很具体的影响。

团队合作，可以看作是人与人之间协作的扩大化。人与人之间的信任，会促进工作的完成进度，而扩大化后，更容易达成团队的共同愿景和目标；反之，少了信任，成员之间彼此猜忌，团队里工作效率就难有保证，达到目标更是遥遥无期。

三鼠困死在油缸里

有时候，合作精神甚至可以决定命运，这里有一个故事为例：

有三只老鼠同去偷油喝。油缸很深，单独都够不到油，于是它们就想了个办法，一只老鼠咬着另一只老鼠的尾巴，首尾相接吊到缸底去喝油。三只老鼠事先商议好，轮流吊去下面喝油。可具体实行时呢，老鼠们心里各有算计。

先下去的老鼠心想："这么多油，大家轮流喝多不过瘾！干脆我跳下去喝个痛快。"

中间的老鼠想："油看上去可不多了，万一被前面的老鼠都喝光了，那我怎么办？我看还是把它放下去，自己跳下去好好喝一顿。"

最上面的老鼠也在暗自打着算盘："油这么少，等它们两个都喝饱了，哪里还够我喝的？再说万一它们俩喝完就撇开我呢？倒不如趁现在放下它们，自己也跳到缸底饱喝一顿。"

于是，中间的老鼠丢下前面的老鼠，最上面的老鼠也狠心地放开中间老鼠的尾巴，都跳到缸里去了。结果三只老鼠都被困死在油缸里。

三只咬着尾巴的老鼠去偷油，但是各怀鬼胎，最后都困死在油缸里。

"老鼠偷油"以及李开复讲的故事告诉我们：团队合作里，没有相互信任的合作精神是不会取得成功的。有些人只从自己的角度出发，不考虑团队的得失，这其实是一种短视的行为。团队失败会祸连己身，团队成功则会被摒弃在团队之外。

因此，年轻人要留心自己的态度和定位，谨记团队的成功才是个人的成功，不能因个人私利而置他人和团队的利益于不顾。应该真诚地信任他人，这样会很快被团队所接纳。一人智短，众人智长。个人的力量总归是有限的，应该融入集体当中去，为共同的目标努力，因为团队的成功也是你的成功。

职/场/圣/经

◎ 怎样进行团队合作

【1】**建立团队共同的、切实可行的愿景**。有了共同的愿景，才能让团队成员知道他们应干什么，才能让团队成员同心同德，为达到共同的目标而齐心努力。

【2】**制度规范**。一个强有力的企业，一定有一套完善的规章制度，没有

规矩不成方圆，这是老祖宗的经验，也是现代企业一致应用的管理原则。

【3】**营造相互信任的组织氛围**。团队领导遇事要多为成员考虑，营造出相互关照、相互信任的氛围。

【4】**成员之间求同存异**。成员之间难免会有不同的想法，但是要有共同的团队愿景，不能把成员之间的矛盾扩大化，造成团队的不和谐。

领导者要用自己的方式改造环境

领导者要用服务者、合作者的心态，帮助团队成员完成他们的个人目标。领导者要关心团队成员所关心的一切事情，包括他们在事业上的进步和成长，对项目工程的想法乃至个人报酬等。

领导者真正的角色，是能够将不同的人和不同的要素结合在一起。杰出的领导者都有意识地建构自己的生活。他们不只是演员，还是编剧，每一位都用自己的方式改造着环境。

——2013年4月李开复经典语录

研究院领导也玩拱猪

对一个部门来说，出色的团队领导不仅意味着更好的发展前景，更意味着每个部门成员都有一个可靠的伙伴。李开复就是这样一位好领导、好伙伴。

微软中国研究院初创时，李开复努力为研究院营造出一种相对宽松、适合研究的环境。午饭时间，李开复安排大家围在一个桌子上吃饭，还规定每个人轮流讲笑话，讲不出来的人要受罚，有些女同事讲不出来，只好掏出手机翻笑话；外出开会，研究院还有集体活动——拱猪，并且规定输的人要钻桌子。李开复牌技不错，但是输了一样要钻桌子，几个领导都钻过桌子。研究院里的员工还会为彼此的生日庆祝，尤其是李开复的生日，同事们会送他一些别致的礼物。有时候，员工会为他做一条斜挎的缎带，上面写着戏谑的话，哄闹着让李开复戴上拍照留念……

微软中国研究院和谐、共助的氛围一直延续至今，不得不说是李开复的功劳。李开复在研究院里营造出来的良好气氛，不仅提高了员工的积极性和向心力，也让他成为员工可信赖的伙伴，彼此之间少了隔膜，一起把微软中国打造成当时世界上最火的计算机实验室。

李开复的做法不仅打破了高层和基层的隔阂，取得了员工的信任，而且使微软中国研究院的员工更具战斗力，更加热爱微软公司和微软文化。

管理者只有做员工的可靠伙伴，才能团结起员工，让员工愿意对公司忠诚，对管理者忠诚。管理者做出的任何决策最终都要依靠基层员工来实行，能否成为员工的伙伴，不仅关系到公司的凝聚力，也极大地影响着决策的执行进度。

跨部门招聘制度

被誉为日本“经营之圣”的索尼公司创始人盛田昭夫一直遵循与员工保持良好关系的管理方式。盛田昭夫如无紧要事务，每天都会到职工餐厅与职工一起就餐、聊天，以培养员工的合作意识，并建立起与他们的良好关系。

一天，盛田昭夫发现旁边餐桌的一位年轻职工脸色阴沉、满腹心事。于是，盛田昭夫移到这位员工的对面，并主动与他攀谈。喝了几杯酒后，这位员工终于开口了：“我是东京大学的毕业生，曾有一份待遇优厚的工作，因为我是索尼狂热的崇拜者，所以跳槽到了索尼公司。但是，现在我发现，我不是在为索尼公司工作，而是完全受课长支配。不客气地说，我的课长是个无能之辈，更可悲的是，我所有的企划和建议都要得到课长的批准。我做的发明改进，课长不仅不支持，反而还挖苦我、打击我。对我的工作来说，这名课长代表着索尼。我很失望，这就是令我放弃优厚待遇，狂热追随的索尼吗？”

听了这番话，盛田昭夫十分震惊，他想，公司内部一定还存在着许多类似的问题。管理者应该多关心员工的感受，了解他们的处境，而不能阻碍他们上升的道路。于是，盛田昭夫做了一项颠覆性的人事管理制度改革：索尼公司内部每周出一期小报，报上刊登公司各部门的“求人广告”，员工可以根据自己的能力自由而秘密地前去应聘，他们的上司无权阻止。此外，索尼给予员工两年一次的调换工作的权利，给那些干劲十足的人才提供更多施展才能的机会。索尼公司实行内部招聘制度后，有能力的员工大多能找到自己满意的职位，而且人力资源部根据人才流动的情况，也发现了一些管理层存在的问题。

盛田昭夫把员工当作伙伴，与员工一起交谈，了解到公司内部的管理缺陷，进而进行改革，取得了卓越的成效。

从盛田昭夫的事例我们可以看出，管理者关心下属，成为下属的伙伴是简单而有效的管理方法。管理者是一个组织的“中枢神经”，应该与基层部门的“末梢神经”保持良好的沟通，没有比成为他们的伙伴更好的办法了。

职/场/圣/经

◎ 怎样做员工的伙伴

【1】**让下属感觉他对你很重要**。每个人都希望得到认可，作为领导不要吝啬对下属的肯定，在交代任务的同时，要表现出对下属的倚重。

【2】**满足员工的不同需要**。人与人的追求不同，企业里有的员工看重利益，有的看重长远发展，有的甘于服从，领导者要区分差异，区别对待，做到因人而异。

【3】**表现出人性的一面**。在领导者自己出现错误的时候，不要隐瞒，要公开自我批评；在下属做出成绩的时候，也不要吝啬赞美，通过适当的表扬拉近彼此间的距离。

CEO、创始人要善于沟通

在团队合作中，几乎每一件事都离不开有效的沟通，无论是为了给他人施加正面的影响，还是为了理解他人的处境和想法，或者想说服他人支持自己的建议或行动，抑或想邀请他人参与到自己的团队或计划中来，沟通都必不可少。

CEO、创始人的特征：第一，坚守企业愿景；第二，承受团队压力；第三，发现专业顶尖人才；第四，连接企业和投资人；第五，连接企业和产品；第六，在工作中学习；第七，没有CEO经验；第八，懂得拒绝；第九，有一定技术知识；第十，能化繁为简；第十一，能应对突发事件；第十二，能鼓舞团队士气；第十三，善于沟通；第十五，是实干家。

——2013年2月6日创新工场董事长兼CEO李开复新浪微博

被董事会解雇的CEO

团队合作离不开沟通，沟通拉近距离，沟通减少隔膜，沟通碰撞出火花，沟通是团队合作的润滑剂。

有过多年职业经理人经验的李开复告诉我们，在公司里，每天都要面对许多类型的沟通。例如，在微软这样的大公司里，员工每周都要参加小组内部讨论，并且还有机会参加部门会议，甚至可以与领导一对一面谈，此外，还需要和客户交流。

沟通的类型很多，而且无处不在。沟通如果不畅，就无法有效地合作，甚至会导致灾难性的后果。对此，李开复举出一个例子为证，说他在苹果公司工作时，公司一度面临经营上的困难。当时，董事会请来一位以战略眼光著称的CEO，为公司调整经营方向。这位CEO刚到公司，就召开员工会议，告诉大家："不必担心，苹果公司的状况比我以前从危机边缘挽救回来的那些公司好多了。给我一百天，我会告诉你们公司的出路在哪里。"

在这一百天里，这位CEO只和自己带来的核心团队设计公司做战略计划，而很少和公司员工沟通。一百天后，他推出了新的战略计划，但是，公司员工对此并不理解，这份计划自然没有得到支持。这位CEO没有认识到自己在沟通上的缺失，仍然闷头做计划，虽然他很能干，但为人自大，并不在乎员工的感受和想法，所以员工并不真正信服他。

半年后，公司的业绩依旧没有好转，这位CEO召开了一次全体员工大会，这次他拿着他的计划，对所有的员工说："我对你们很失望，你们没有努力执行我的计划，今后，我绝不允许你们再犯这个错误。"这次大会后，绝大多数员工公然表示不支持他。结果，这位CEO很快就被董事会解雇了。

其实，这位CEO并不是没有能力，但是他以为他可以用经验改变公司的一切，他做了战略计划后就直接施行，完全忽视了和员工沟通的渠道。后来，他的战略方案被证明是有道理的，他做事的方法却完全错误——不和员工沟通，得不到员工的支持，再好的战略计划也无法进行下去。

在团队当中，再好的团队目标和再完善的计划，也代替不了沟通的作用。好的沟通，会使团队成员了解彼此的想法和工作进度，有利于合理运用资源，找出问题，共同解决问题；相反，如果没有良好的沟通，不仅不能给团队带来正面的效果，反而会使团队陷入混乱的局面中。

新牛仔裤被剪短了3次

这里有一个故事，反映的正是沟通的必要性。

小明明天要参加大学毕业典礼，家里人很高兴地给他买了一条新牛仔裤。小明试过裤子后，发现长了两寸，需要回家修改。

吃完晚饭后，小明把裤子长了两寸的事情说了一下，奶奶、妈妈、姐姐都没说什么，饭后这件事情也没有再被提起。

妈妈睡得比较晚，临睡前想起儿子的裤子长了两寸，明天还要穿，于是悄悄地把裤子剪好缝上放回原处。

半夜，姐姐被风吹醒，想起弟弟的裤子，于是披衣起床将裤子处理好才入睡。

第二天早上，奶奶最早起床，做完早饭，又把孙子的裤子改短了两寸。结果，小明只得穿着短裤去参加毕业典礼。

这个故事中，因为家人缺少沟通，结果小明的裤子被毁了不说，还闹出了笑话。其实，家就相当于一个工作团队，不同的人代表着不同的职场角色：小明是职场新人，刚刚做出一个工程报表，报表做得有创意但并不成熟，有些数据需要修改；妈妈是主管，比较关心下属，第一时间为下属做了修饰；姐姐是关系不错的同事，经验比小明更丰富些，忙完手里的活后帮同事做了改动；奶奶是公司老人，一样是实力派人物，关照新人。一个团队里几个不同的角色，都本着帮助新人的想法，对他的工程报表进行修改，可是缺少沟通的环节，反而坏了事。

可见，沟通不畅会使团队之间的合作出现混乱和偏差，降低工作效率。一个团队只有进行充分的沟通，在沟通的基础上明确各自的职责，才能搞好协作，达到目标。

职/场/圣/经

◎ 怎样进行团队沟通

【1】**创造有利的沟通环境**。尽量选择安静平和的环境，使沟通双方处在身心放松的状态下。

【2】**不要过早判断**。对于沟通的某一方来说，如果过早对某事有了判

断，就不会再听他人的意见，沟通就会被迫停止。

【3】**不要以自我为中心**。在沟通中，要把注意力集中在对方身上，这样才能保证沟通的有效性。但很多人习惯把注意力集中在自己身上，这就会产生沟通的混乱。

【4】**保持耐心**。当对方讲话时，让他表述完整，不要打断他的谈话，纵然心里产生类似念头，也不要表现出来。

第6章

持多元化标准

做最好的

成功

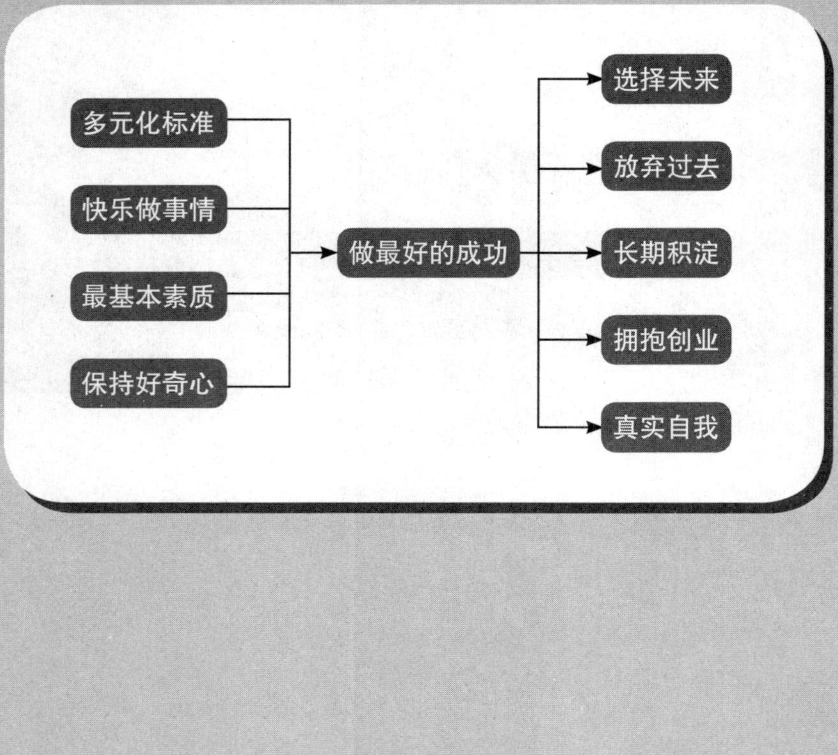

多元化标准
快乐做事情
最基本素质
保持好奇心
做最好的成功
选择未来
放弃过去
长期积淀
拥抱创业
真实自我

真正的成功应是多元化的

很多人都有一个通病，衡量是否“成功”时采用一元化标准：在学校看成绩，进入社会看名利。其实，真正的成功应是多元化的。既可能是你创造了新的财富或技术，也可能是你为他人带来了快乐，可能是你在工作岗位上得到了别人的信任，也可能是你找到了回归自我、与世无争的生活方式。

——2013年6月20日创新工场董事长兼CEO李开复新浪微博

高才生眼中的成功

到底什么是成功？这个看似简单的问题，却让多少年轻人陷入迷茫之中。大多数年轻人被动接受了一元化的成功标准，简单来说就是“在学校看成绩，进入社会看名利”。

面对这种现象，李开复对年轻人说：“成功的道路不止一条，标准也不是只有一个。在与他人的竞争中拔得头筹是成功，但有勇气不断超越自己、超越过去的人，一样是成功者的一员。如果只知道被动地接受世俗化的成功标准，就只能在众说纷纭中迷失自我，盲目地走上并不适合自己的道路。”

就像李开复说的那样，成功的道路不止一条，一旦局限在外界施加的成功标准里，那么就很容易丧失上进的奋斗信念，甚至会阻碍原本属于自己的成功之路。

成功到底是什么？成功就是能管人吗？李开复提到他和一位大学生的对话，这场对话令李开复十分震惊。

有一天，一位成绩优异的大学生问李开复：“李开复博士，我希望能像您一样成功。按我的理解，成功就是管人，管人很过瘾——尤其是在每次发薪水时，我想管理者一定会有高高在上的优越感。那么我怎么做才能走上管理者的岗位呢？”

李开复问他：“你认为，到底怎么样算成功呢？”

他回答说：“成功就是当领导、有财富、有地位。”

李开复沉默许久，他没有想到的是一个名牌大学的高才生，对于成功竟然有如此片面和肤浅的认识。

实际上，这位大学生的想法在年轻人中不在少数，许多年轻人认为有优异的成绩、高人一等的社会地位才算成功。他们只知社会竞争是功利的，迷失在世俗的看法中而不自知。对成功的片面认识所产生的结果是，人们成为社会这个大工厂产出的千人一面的木偶。

片面追求名利，在失去自己目标的情况下，会给自己套上沉重的精神枷锁，很难体验到真正的快乐和满足。

渔夫和富翁的不同追求

在一个风和日丽的下午，一个富翁到海边散心。看到一个渔夫悠闲地躺在沙滩上晒太阳，他好奇地走过去。

富翁：“你没有出海打鱼吗？”

渔夫：“已经打回来了。”

富翁：“为什么不趁天气好多打一些呢？”

渔夫：“多打一些干什么，吃不了也浪费。”

富翁：“多打一些你可以去卖钱呀。”

渔夫：“卖了钱干什么？”

富翁：“卖了钱你可以买大船啊。”

渔夫：“买大船干什么？”

富翁：“买了大船你可以打更多的鱼。”

渔夫："打更多的鱼干什么？"

富翁："打更多的鱼你可以赚更多的钱。"

渔夫："有更多的钱又干什么？"

富翁："有了更多的钱你可以买更大的船，打更多的鱼。"

渔夫："买更大的船，打更多的鱼干什么？"

富翁："你买了更大的船，打了更多的鱼，就可以赚更多的钱。有了更多的钱，你就可以盖漂亮的房子。"

渔夫："我出海打鱼，盖漂亮的房子干什么？"

富翁："有了很多很多的钱，你就不用出海打鱼了。"

渔夫："那我做什么？"

富翁："到时候你什么也不用做了，可以天天晒太阳、享清福了。"

渔夫："我现在不是已经在晒太阳、享清福了吗？"

富翁沉默了，若有所悟。

在这个故事里，渔夫知道自己的追求，而富翁虽然腰缠万贯，却未必明白自己的追求。

想想我们身边也总有这样的情况发生。有些人整日奔波，问他们做什么，说是工作、赚钱，但继续问他们为什么，往往是哑口无言或是支吾其词。就像李开复所说的那样，不能因为追求成绩、名利而忽视了其他因素，更不能因为推崇某一种成功模式而堵死了其他通往成功的道路。

职场中人要有这样的观念：不一定要做到管理层才算成功，成功也可以是为公司节省了一笔经费，使公司成本得到减少；也可以是在技术上有所创新和突破，使公司的形象得到维护或有所提高等。

职/场/圣/经

◎ 怎样寻找成功的另一种模式

【1】**挖掘内心，寻找真实的追求**。每个人都该有一个完全属于自己的目标，这个目标达成与否，是人生成功与否的重要标志。

【2】**排除现实名利观的干扰**。可以给自己一段安静的时间，在这段时间里，反省自己之前设定的目标，是否受到现实名利观的影响。如果没有，再看看目标是否盲目，可以根据现实情况适当地做调整。

【3】**反面典型观察法**。根据现实名利观判断，成功就是有财富或者有权势。事实上，很多这样的“成功者”过得并不开心。拿他们的生活状态和自己的生活状态对比，可知一元化的成功标准的害处。

做快乐的事情，更容易成功

多元化的成功才是真正的成功。从不同的角度理解成功，尊重并鼓励年轻人选择最适合自己的成功道路，以便发挥他们各自的特长，实现他们各自的价值——这才是对待成功的正确态度。

快乐是衡量成功的最佳指标。你有多快乐？对于企业而言，快乐的员工可以构成更有效率、更成功的团队。金钱和成功可能会让你更快乐，但家庭、朋友、爱情对快乐的贡献会更多。做你感到快乐的事，成功自然会敲门。

——2013年9月16日创新工场董事长兼CEO李开复新浪微博

母亲的最大成功

抛开一元化的成功标准，真正的成功应该有很多种：可能是自己的行为给他人带来了快乐，可能是自己取得了他人的信任，可能是通过自己的努力取得了名望和财富，也可能是研究出了突破性的学术成果……如此一来，衡量成功的标准也有很多种，可以是地位，可以是自我满足，也可以是个人的创造力，还可以是对别人的帮助……多方位的价值判断，使每个人都享有成功的机会。

尽管可以从世俗的角度为每个人的成就做排名，但李开复告诉年轻人：无论是哪一种类型的行为，只要该行为对社会、对他人或对自己有益，能让一个人在自主选择的过程中，不断超越自己，并由此获得最大的快乐，这才是衡量成功的标准。

在一次访谈中，有人提到李开复的母亲："请问李博士，听说您的母亲对您的影响非常大，您能说说她是什么样的人吗？"

李开复想了想，认真地回答："我的母亲是一位既严厉又温和，既传统又开明的智慧女性。她养育了7个子女，早年她经历了许多磨难，展现出中国女性富有忍耐力的一面。自我有印象起，母亲始终不忘教育我学习中国传统的思想和文化，恪守传统的礼节和操守。同时，她也没有局限在传统中，她鼓励孩子学习新知识、接受新事物。她一生最大的成功就是养育了我们7个孩子。"

和所有的孩子一样，李开复眼里的母亲是最成功的母亲。不单单因为李开复的母亲有着过人的优点，还因为母亲的言传身教、潜移默化地影响着他，做一个有诚信、有智慧、有判断的人。不得不说，李开复的母亲是成功的，在她的身上，即使没有太多的外物装饰，也始终闪耀着母性的光辉。当然，和那些伟人所做出的丰功伟绩相比，她的生活显得平淡而温和，但是在这个家里，在她的交际圈子里，她展现出的是一个持家女人的成功，这无须多辩。

其实，成功并不需要标签和注解，每个人都有各自要走的路，也都有各自不同的成功，所区别的只是角度的不同。众所周知的凡·高，活着时穷困潦倒，死去多年后，他的画作才成为无数人心目中的杰作，这该如何判断呢？古代的大富豪沈万三，富可敌国，结果被帝王所妒，不得善终，这是成功吗？只能说判断的角度决定了成功与否。

哈佛女孩自喻野生植物

不同的人有着不同的成功，成功本身是没有模式和样板的。

哈佛女孩汤玫捷在读高中时，成绩并不好，全校排名大概是第100名。按传统成绩来说，她并不算高才生，在许多老师看来，她也并不是特别出色的学生。但是，她凭借优异的综合素质，成为2004年哈佛大学全亚洲仅有的两名提前录取生之一，并且获得全额奖学金。提起她的成才公式，她说："我们是野生植物，不是园林植物。每个人独特的优点就是自信的源泉。"

可见，成功是没有公式可以套用的，相反，那些追逐自己的兴趣、爱好，善于发掘自身潜力的人更容易获得成功。

成功没有设限，每个人都有成功的机会，区别在于是属于自己的成功还是属于大众的成功。有些人虽然默默无闻，但是在自己的领域里做出了不可磨灭的贡献，这可以说是个人的成功；有些人掌握了一定的资源，接受着大众的瞩目，可以影响到一定范围的人，这可以算是大众的成功。无论是哪一种成功，都是个人某一方面才能的展现。

因此，成功是独立的、差异化的事情，每个人其实都有适合自己的成功道路。正如李开复的指点："选择最适合自己的成功道路，以便发挥他们各自的特长，实现他们各自的价值——这才是对待成功的正确态度。"

职/场/圣/经

◎ 怎样转变对成功的看法

【1】**挖掘身边人的成功**。成功从某种角度来说就是自我的超越。看看身边的人，必定有许多成功者，他们未必有万贯家财，但一定有着积极的心态，一路上不断追求上进。比如说，含辛茹苦带大孩子的父母，孩子有所成就，对于父母来说就是最大的成功，因为他们的期望已经达成了。即使没有多少财富，身家也未必显赫，简单的幸福一样是成功。

【2】**转换思路**。不能局限在一元化成功标准的模式中，要知道成功包含很多因素，有健康、亲情、爱情、友情、事业、社会评价、社会贡献等，对于别人口中的成功，要综合考量；对于自己的追求，也要兼顾多方面的因素。

【3】**发挥个人特长**。成功在于自我追求的达成，在追求的过程中，发挥出个人特长，不要被外界的繁杂扰乱，坚持自己，有想法就去做。

成功需要最基本、最有价值的素质

为什么郭士纳可以从纳贝斯克食品公司空投IBM公司并成功拯救IBM？为什么微软公司要求每个副总裁都可以随时接替任何一位其他副总裁的工作？我更明确地认识到，真正的成功人士并不是仅仅靠知识、创意等外在素质赢得成功的，他们成功的关键在于，他们具备了某些最基本的、最有价值的素质或品格。

——李开复所著书《做最好的自己》

好的管理者不用驾驭他人

既然成功有多元化标准，我们可以清楚地看见财富、名利等指标都是社会群体意识强加在个人身上的衡量尺度，那么我们该从哪些具体方面提高和充实，以到达我们要追求的成功彼岸呢？再做进一步的思考，那些不同行业里取得不同成就的成功者，他们身上是不是有什么内在的一脉相承的因素呢？

李开复曾与一个年轻人有过这样一段对话。

年轻人说："李老师，我想做个成功的人，能管别人的人。"

李开复问道："你想做一个成功的人，那么你认为成功的关键是什么呢？"

他不假思索地回答说："基础知识、专业知识、管理能力、商业头脑，还有灵性。"

这个年轻人说的这些东西很有价值，但是它们并不是最本质的东西。在李开复看来，具体的知识或能力都可以通过学习和锻炼获得，也可以在应用的时候自我补充。但是最本质的东西更有价值，掌握了这些东西，一辈子受用不尽。

因此，李开复告诉这个年轻人："做管理工作，要有服务的意识，不能把自己摆得太高，好的管理者不驾驭他人，而是有足够的管理智慧让人甘心去做事。"

"那么，我该如何得到这种智慧呢？"年轻人迷茫地问道。

"首先要得到下属的认同和尊敬。"

"该如何得到他们的认同呢？"

"为下属着想，学会团队合作。"

"我又该如何得到他们的尊敬呢？"

"从自己做起，努力成为一个有抱负、有能力、有智慧的人，这样才能得到他人的尊敬。"

"那么，我该如何找到抱负，获得能力呢？"

"要有良好的素质、习惯和态度，重要的是，做一个好人。这样，你才有可能成为一个成功的人。"

通过这段对话，李开复在指导这个年轻人的同时，自己也在思考着，成功者各有各路，各有各法，但在取得成功，赢得别人尊敬的这段路上，必然会有着相同的因素。李开复认为，这种因素是内在的，首先要把人做好，然后才能把事做好。

当下职场流行"先做人，后做事"的职场生存原则是有一定道理的。一个人如果没有正确的价值观和处世态度，即使他有再大的能力，也很难得到别人的信任，往往容易陷入偏激的误区；而有着正确的、成熟的价值观的人，也会有成熟的处世态度和原则，这类人会轻易赢得身边人的信任和尊重，也会有自己坚定的信念和追求，他们距离成功很近。才华可以打造一时的功绩，内在则决定了这份功绩会维持多久。

乔丹和皮蓬

伟大的篮球明星乔丹虽已退役多年，但在广大篮球球迷心中，他一直是篮球界的典范。NBA多年来极力培养乔丹的接班人，但是一个个出色球员的出现，不仅没有掩盖住乔丹的光彩，反而更突显乔丹的伟大之处，他的伟大，就在于他过人的人格魅力。

无论何时，乔丹都是队中的领袖，但是他在球队中也面临过挑战。当年在公牛队时，皮蓬是队中最有希望超越乔丹的新秀，他时常取得很高的得分，也常表露出对乔丹的不屑，说乔丹在哪方面都不如自己，自己一定会超越乔丹之类的话。乔丹没有排挤这个新人，反而时常指导皮蓬，在皮蓬被指责的那段时间，也是乔丹作为队长承担了所有对他的责难，并且鼓励皮蓬振作。

有一次，乔丹对皮蓬说："你说咱俩的三分球谁投得好？"皮蓬心不在焉地回答："当然是你，你的命中率比我高。"

乔丹微笑着摇了摇头："不，是你！你投三分球的动作规范、自然，很有天赋，以后一定会投得更好，我投球时还有很多弱点。再有，我扣篮多用右手，而你左右手都行。"

这些细节皮蓬自己都没有注意。从那一刻开始，他深深地被乔丹的无私打动了。

乔丹这种出色的人格魅力，为公牛队打造了难以击破的凝聚力，从而使公牛队创造了一个个神话。乔丹不仅以球技，更以他那无私的品德赢得了所有人的拥护和尊重。

成功者的成功更依赖于他们丰富的内在品格和修养。有了良好的品格和修养，他们即使是走上其他行业或者其他岗位，一样可以获得成功。

做好事，你可能会取得成功。但从某种角度来说，做好人，你已经取得了成功。

职／场／圣／经

◎ 怎样做人做事

【1】**向前人学习**。观察有所成就的前人，看他们的履历中，出现转折之前，他们是把握住了什么机会取得成功的，又是他们的哪些素质帮助他们完成了转折和提升。记录下来，对比多个前人，重叠的素质越多，就越是需要关注和学习的。

【2】**向身边人学习**。看看身边那些有着执着追求的人，他们在追求梦想的路上，表现出来的素质和品格有哪些，作为同龄人，这些素质也必定是你该具备的。

【3】**从小事做起**。做一个好人，首先从小事开始，让座，在办公室里打扫卫生，这些都是你力所能及的事情。把这些事情做好，为自己养成良好的习惯，也树立一个好的个人形象。

始终保持一颗好奇的心

当你对某个领域感兴趣时，你会在走路、上课或洗澡时都对它念念不忘，你在该领域内就更容易取得成功，能有更进一步的发展；如果你对该领域有激情，你就可能为它废寝忘食，连睡觉时想起一个主意，都会跳起来。

职场中保持激情的方法：第一，保持一颗好奇的心，多去尝试新的东西，例如，旁听一些课，读一些新领域的书等；第二，尝试找到自己喜欢的工作，如果你不知道自己喜欢什么，至少你知道自己不喜欢什么；第三，写下所有你不喜欢的工作，再为自己设想一个其他的工作，它可能就是你所向往的工作。

——2013年3月18日创新工场董事长兼CEO李开复新浪微博

从微软到谷歌

2005年，作为微软公司全球副总裁、比尔·盖茨身边7位高层智囊之一的李开复，出人意料地向微软提出离职申请，转投另一家计算机网络巨擘谷歌，这是李开复的第三次跳槽，这次跳槽引起了一场影响力远超所有人想象的“世纪诉讼”。

微软把李开复和谷歌公司一并告上法庭，最终，两大世界级的IT巨头耗资上千万美金的一场诉讼以和解收场，李开复一时间上了所有商业媒体的封面。身为局内人，李开复是这样回答外界疑问的：“微软是一个非常了不起的公司。我在微软学到了很多，终身受益，尤其是有机会和比尔·盖茨先生共事，我终身难忘。微软是个了不起的公司，值得我们学习，而令我震撼的是谷歌的‘激情魔力’。我认识的许多朋友都去了那儿，有些是资深研究者和科学家，我发现他们以前的憔悴消失了，他们充满了活力；有些是我的学生，我发现他们找到了一个梦幻之家，上班像是在享受。”因为这种激情，令李开复追随自己内心的选择，来到了谷歌。这次跳槽，李开复告诉我们的是再燃工作激情。

李开复曾描述过这种激情的状态：“当你对某个领域感兴趣时，你会在走路、上课或洗澡时都对它念念不忘，你在该领域内就更容易取得成功，能有更进一步的发展；如果你对该领域有激情，你就可能为它废寝忘食，连睡觉时想起一个主意，都会跳起来。”

古今中外，许多伟人也盛赞激情在工作中的推动作用。法国作家沃韦纳戈也曾说：“智慧的最大成就，也许要归功于激情。”伟大的哲学家黑格尔说得更为狂热：“我们简直可以断言，假如没有热情，世界上一切伟大的事业都不会成功。”

人在职场，若是局限在沉闷的环境里，一点点地丧失工作激情，那么之后的成就也就越发有限了。有时，我们需要的是做一个转身，在一个自己喜欢的新工作环境里，重燃职业激情。

地产经纪人的华丽转身

重燃激情，促成事业成功的例子有很多，这里讲一个美国西部的故事：

有一位补习学校的业务员拜访小镇上一位房地产经纪人，想把一套补习课程推销出去。见到房地产经纪人时，他正在老旧的桌子上写着一封信。业务员先是自我介绍一番，然后介绍要推销的课程。

经纪人听得很认真，然而听完之后，却迟迟不肯表露意见。业务员只好单刀直入：“你想参加这个课程，不是吗？”

经纪人无精打采地回答：“唉，我自己也不知道该不该参加。”

业务员对他的回答并不感到意外，反而更专注地和他谈了起来：“我决定向你说一些你可能不喜欢听的话，但这些话会对你有所帮助。”

“先说你的工作室，地板脏得看不出年代，墙壁上满是灰尘。你的衣服又脏又破，脸上的胡须也没刮干净，你的目光告诉我你已经被击败了。在你的家中，也许你的太太和孩子也一样穿得不好。你的太太一直跟随着你，但你却没有给她所期望的成就。

“请记住，你现在即使掏出现金缴纳学费，你也不会成为我们的学生。因为你没有激情和进取心，宁肯困守在这个小镇里，而我们学校不希望学生中有人被失败击倒。

“如果刚才你直接告诉我，你想或者不想参加这个课程，我都可以理解。但结果你说什么呢？你说你不知道，这是你承认自己迷惑，完全暴露自己失去激情和进取心的表现。”

房地产经纪人听完这些话后，呆坐在椅子上，眼睛也因为惊讶而大大地睁开。业务员道声再见后走了出去，但很快，他又走回来对经纪人说：“我刚才的话也许伤害了你，但我倒希望你能感到愤怒，那样证明你只是缺少激情。

“来，站起来。你不属于这个小镇，这里不适合做房地产生意。你赶快换身新西装，然后跟我到圣路易斯市去，那里有我的一个房地产商朋友，他可能会给你一些赚大钱的机会，也可以教你做这一行的诀窍，你用得到。”

那位房地产经纪人泪流满面。然后，他努力地站起来，紧紧握住业务员的手。

随后，这位房地产经纪人离开小镇。3年后，他成为圣路易斯市最成功的房地产商之一。

对于有些人来说，困在一个环境里，每日忙着相同的工作，消磨的不只是宝贵的时光，也有内心燃烧的激情。没有激情，工作会成为乏味的苦差事，像镣铐般封锁你全部的创新和突破意识。这时候，你不妨效仿一下李开复，重燃工作的激情。

职/场/圣/经

◎ 怎样唤起新的工作激情

【1】**跳槽后，要快速了解公司与团队的定位**。到任后，尽快进入状态。你不妨将目光焦点分为大、中、小三块。“大”是了解整个产业趋势与特性，“中”是公司的定位、策略，“小”是团队的运作方向。

【2】**管理者初到任的做法**。利用下班时间，把公司所有的资料都了解一下，包括过去做了哪些决策，连续几年的业绩表现，还有人事、绩效资料，了解越透彻，越容易思索下一步策略与人事的布局，避免重蹈覆辙。

【3】**跳槽要注意结合兴趣和能力**。找到自己兴趣和能力结合最突出的一点，不能盲目地看好某个行业或公司就选择跳槽。要看自己的兴趣所在，以及看自己在这个行业或公司是否有能力做好。

选择工作的标准：未来远比今天重要

选择一个工作的标准，那就是成长、兴趣和影响力。

毕业后选择工作的标准：机会远比安稳重要，事业远比金钱重要，未来远比今天重要。另外几个建议：第一，永远不要停止学习，应该挑选一个入职后可以多学技术和知识的公司；第二，挑一个好老板，看看老板的人生态度、人品如何；第三，找一个重视你的专业知识的公司；第四，问问自己是否有足够的兴趣从事这份职业。

——2013年3月21日创新工场董事长兼CEO李开复新浪微博

要做论文，还是要改变世界

人各有不同的生活轨迹，有时这种轨迹是完全自我的选择，有时却出于现实情况的考虑。不同的选择，造就不一样的人生和不一样的影响力。李开复认为，选择一个工作的标准，是成长、兴趣和影响力。成长是指工作的发展机会是否够好、够多，兴趣是工作勤奋的燃料，影响力取决于内心的选择，不同的职业、不同的职位，产生的影响力并不相同。要扩大自己的影响力，无疑要站在更高处。

纵览李开复的职业生涯，有一条醒目的主线，那就是其职业发展之路上的公司，如苹果、微软、谷歌，都是具有世界影响力的大公司，这几家公司为李开复的职业生涯提供了高起点。在高起点的基础上发展，他所能调动的影响力自然也大得多，容易被更多的人所认识，他的想法也可以影响更多人。

27岁，一个还算年轻的年纪里，李开复拿到了卡内基—梅隆大学的计算机学博士学位，并且作为该校最年轻的副教授留校授课。之后，他每日在学校里面对熟悉的教室、熟悉的同事，人际圈子固定在有限的范围内。李开复知道自己不该沉寂在这样的环境之中，因为他有抱负，他要扩大自己的影响力。

两年很快过去了，1990年，一个机会来到了李开复身边，苹果公司的副总裁邀请李开复去他家做客。在他家的一片葡萄园里，两人边走边聊，副总裁的几句话彻底改变了李开复："开复你看，苹果的发明正在影响着许多人，我们现在做MacⅢ，要把语音部分融入进来，我们需要你。开复，你是想一辈子写一堆像废纸一样的学术论文呢，还是想改变世界？"

是的，是守在象牙塔里，选择平静的生活呢，还是让更多的人看见自己，并且了解自己的思想和创造呢？那一刻，李开复做出决定，他要进入苹果公司，站在一个新的高度，扩大自己的影响力。

这是李开复迈入职场的第一步，也是李开复主动扩大影响力的第一步。时隔多年，回看李开复的选择，如果当年他坚持留在学校，那么今天他或许已是著作等身，但却很难会有自己的产品为人所用，也很难会有这么多青年以他为导师，影响力自然就小得多了。

有时，选择站在高处，也是为了展示自己的才能，不至于被埋没而终生碌碌无为。

不要成为没用的葫芦

春秋战国时期，齐国有一个名为田仲的人。人人都说他有才能，他却自命清高，不屑与达官贵人为伍，干脆归隐乡间。

宋国有个叫屈谷的人找到田仲，对他说："我是个庄稼人，只会做农活，没什么特别的本事，唯一可说的就是种葫芦有点儿办法。我这里有个大葫芦，想送给您。"

田仲接过葫芦，打开后发现葫芦硬得像石头一般，而且皮格外厚，葫芦里面几乎没有空间。田仲好奇地问："葫芦嫩的时候可以吃，老了不能吃的时候，最大的用途就是盛放东西。你这个葫芦虽然表面看着大，可是皮格外厚，里面没有空间，像这样的葫芦不但不能装东西，怕是连酒都装不了，要它有什么用处呢？"

屈谷说："先生说得很对，该把它扔掉。不过先生您再想想，您隐居在此，空有满腹经纶，却对别人还有国家没有一点儿用处，您和这个葫芦不是一样吗？

田仲哑然。

我们在生活中也是这样，如果困守在一隅，即使再有才能，也不会被人发现，更不会被人认可，也就不会产生价值。尤其是年轻人，活力无限，机会无限，要有所作为，就要努力站在高处。发现你的人多了，影响力自然扩大，这将会是一个良性循环。站在高处，是一个让影响力日渐扩大的成功法则。

职／场／圣／经

◎ 怎样扩大自己的影响力

【1】**分享自己的人际关系**。最成功的杰出人士从来不会把自己的人际关系藏起来，他们是天生的联络者。你不仅可以做到这点，也应该做到这点。

【2】**分享自己的知识**。我们都希望能和熟悉业务的人一起做事。每天抽出一定的时间阅读最新的行业刊物和网站，发现好的文章应该推荐给朋友，这能使你有一个成功的专业人士的形象。

【3】**选择更大的责任**。工作中，可以主动去接受一些有一定挑战性的任务，展示自己的才能。

放弃拥有的一切，需要更大的勇气

当新的机会摆在面前的时候，敢于放弃已经获得的一切，需要相当大的勇气。而在还没有找到新的机会之前，就放弃已经拥有的东西，则需要更大的勇气。

给想跳槽的员工的建议：第一，如果可能先在本公司寻找职位，熟悉的环境会让你如鱼得水；第二，寻找新工作意愿不要告诉任何人；第三，在网络中透露信息要谨慎，不要引起误会；第四，安排求职的面试，在假期或者周末完成；第五，注重面试中细节上的表现；第六，找专业的招聘机构是好的选择。

——2013年8月5日创新工场董事长兼CEO李开复新浪微博

离开苹果公司

现代社会中跳槽是常见现象，有的人因为不适合公司或岗位而跳槽，有的人因为人际关系不和谐而跳槽，也有的人因为不满足现有的待遇而跳槽。李开复的第一次跳槽，就是为了追求更好的、更适合自己发展的工作环境。

李开复自1990年到1996年，一直为苹果公司工作。这期间他历任研发语音小组组长、多媒体部门总监、互动多媒体副总裁，一步步地成为公司的核心人员。但在苹果工作的这些年里，苹果公司因为决策出现问题，更换了数名CEO。因为经常裁员，公司内部人心浮动，尤其是在阿梅里奥担任CEO时，矛盾愈加激化。对于当时的情况，李开复曾在自传里这样写道："经过在苹果公司6年的浸润，我理解，苹果的平等、自由、民主的风气固然好，但是公司还是需要一个有战略眼光的决策者，需要一个核心人物来维护公司的文化。乔布斯走了以后，公司失去了决策者，也失去了灵魂，各个部门各自为政，产品经常延期。”“在阿梅里奥的苹果时代，日子开始变得令人窒息……”李开复清楚地知道，一个恶劣的工作环境能轻易地磨灭一个人的工作热情，限制住他的手脚，让他难以有所作为，发挥应有的影响力。于是李开复果断地抓住机会，放弃在苹果公司已有的地位，而去追求更适合他，更容易得到认同和发挥的环境。

李开复要告诉我们的是，面对恶劣的工作环境，要有所判断，敢于取舍，追求更适合自己发展的环境。现代企业运作，是团队和集体的运作。一个企业如果没有一个良好的工作氛围，那么要求员工和管理者能高效地工作无疑是一种奢求。而对于个人来说，如果团队内部混乱，或者是老板没有带领团队的能力，那么个人也是很难在这种环境中有所发展的。

韩信跳槽：弃楚投汉

古代的韩信，就是一个跳槽成功的例子。

韩信自幼熟读兵书，具有极高的军事指挥能力。他初进仕途，拜在项羽帐下，为项羽做文书工作。项羽知道他懂得的知识很多，却嫌他文弱，一直不肯重用他，他谋划出的良策项羽也不采纳。韩信满腔的抱负和才华得不到赏识，所以十分苦闷。

就在韩信不得志的时候，他遇见了刘邦的谋臣陈平。在陈平的劝说和引荐下，他转投到刘邦旗下。后来在丞相萧何的大力推荐下，韩信被刘邦拜为大将，在楚汉争霸之中，韩信“战必胜，攻必取”，为汉朝江山的开辟立下汗马功劳，被誉为“兴汉三杰”之一。

在韩信的跳槽过程中，他看清了自己面前的道路：项羽刚愎自用，对自己并不重用，在他手下自己得不到发挥的机会，而刘邦则有识人之术，善用能人，刘邦旗下才是能发挥自己才能的地方。

在职场上我们经常强调，要忠于自己的职业，忠于自己的企业，但是这种忠诚也不能绝对化，还要具体情况具体分析。当你的努力（工作上的努力，以及团队人际交往中的努力）不能得到认同，公司的条件和环境不能使你的价值得以体现，那么就应该适时地考虑进退得失。常言道：“良禽择木而栖，贤臣择主而事。”在面临职场道路未来的走向时，把握机会，寻求更适合的工作环境才是智者所为。

职/场/圣/经

◎ 跳槽要注意哪些方面

【1】**注意行业积累，轻易不转行**。每进入一个新的行业，都要重新掌握行业信息资源，重新建立行业内的人脉关系，这些都需要花费大量的时间和精力。人的职业生涯是有限的，时间的浪费是最可怕的，总是这样花时间打基础就难以建成事业的高楼大厦。所谓“生行莫入，熟行莫出”，说的就是这个道理。

【2】**跨行业不跨工种**。跨行后还做之前的工作，之前积累的工作经验可以继续在这个行业运用。例如，在广告公司做品牌策划与维护，到了食品行业后仍然可以做品牌策划与维护。

【3】**跨行业不跨职位**。跳入不同的行业，但是职位和以前是一样的。例如，原来是服务行业的主管，跳到生产制造业做主管等。

积淀比点子更重要

如果知道自己的目标和愿望，那么需要周密地计划和有效地执行，这样才能达到既定的目标；如果不知道自己的目标和愿望，那么，需要努力找到自己的理想和兴趣——也就是通过执行寻找到现阶段的目标。

创业成功的真正关键更在于：团队、经验、执行力。大部分创业的失败不是因为点子不好，而是因为欠缺经验，没有团队，缺乏执行力——归根到底，积淀比点子更重要。

——2000年4月微软公司全球副总裁李开复给中国学生的第一封信《从诚信谈起》

扩大人际关系网的好办法

能把握住自己的人生，才是人生路上最大的成功。而明白了自己要做什么，如何去做之后，要做的就是有效地执行。

在一次访谈中，有人向李开复提问："李老师，您觉得成功的最关键是什么呢？"李开复讲了一件他的事作为回答。他说，自己在刚进入职场时，发现人际交往上的不足，决心要弥补这个弱点，扩大自己在公司的人际关系网。为了达到这一目标，他先是向前辈求教，接着自己制订了周密的计划，并努力付诸行动。

首先，他把"多认识人"这样笼统的目标转换成具体的、可实施的目标，具体方案是"要求自己每周和一位有影响力的人共餐，在这个过程中，请对方再为自己介绍另一位有影响力的人"。随后，他又根据"每周与一人共餐，餐后再认识一人”的目标制定相应的衡量标准，检测目标的完成情况。并且，在检测过程中，进一步思考扩大人际关系网后产生了哪些影响，比如，自己在“每周一餐”里获得了哪些有用的信息，以及通过这种方式建立的人际关系网中有多少是自己的员工，他们的反馈又是怎样的。李开复说：“这样坚持一年后，明显发现人际网在扩大，自己的工作也更容易开展了。”

随后，李开复告诉大家：“成功，需要计划的能力、追求的毅力和执行的魄力，其中，关键是要贯彻执行。”

李开复正是靠着强有力的执行力，才达成了自己的目标，实现了人际关系的扩展。“千里之行，始于足下。”如果不能做好计划和准备，再好的理想也只是幻想；如果没有坚持不懈的毅力，距离成功再近也只是南柯一梦；如果不能做到有效的执行，那么再高的理想和再周密的计划都只能是空谈。

企业管理者中流传着这样一句话：“一个人和一个企业的成功，30% 靠战略，50%靠执行力，20%靠机会。”不同的人和企业具体所占的比例会有出入，但执行力必定是占其中最大的比例。很多人的职业发展不理想，不是职业规划有偏差，而是自己缺少坚持执行的毅力。

弯 1 次腰和弯18次腰的区别

请读下面这个根据歌德的诗《马蹄铁传说》改编的故事，也许你就能对执行力有一些新的体会。

耶稣带着他的门徒彼得出行，在途中，他们发现了一块破烂的马蹄铁。耶稣让彼得把这块马蹄铁捡起来，但彼得懒得弯腰，假装没有听见。

耶稣自己弯腰捡起马蹄铁，用它在铁匠那儿换来一点钱，并用这些钱买了18颗樱桃，出了城，师徒二人继续往前走。他们经过茫茫的荒漠，土地干涸。耶稣猜到彼得口渴得厉害，就把他藏在袖子里的樱桃故意悄悄地扔出一颗。彼得一见樱桃，赶紧捡起来把它吃掉。

耶稣一边走一边“掉”樱桃，彼得总共弯了18次腰。然后，耶稣笑着对彼得说：“如果一开始你能按我的要求做，你只要弯1次腰就行了，不会在后来没完没了地弯腰。”

如果把耶稣比作一个管理者，那么彼得就是员工。如果员工不能很好地将管理者的决策有效地落实，就不可能顺利地吃上“樱桃”，甚至吃不上“樱桃”。我们在职业发展的道路上，要像李开复一样，通过强有力的执行，来达到积极的效果。成功的关键在于执行力，没有执行力，再好的计划也没有用。

职/场/圣/经

◎ 怎样培养执行力

【1】**从小事做起**。这里说的小事是指有倾向性的小事，也就是抓关键环节。达到职场目标是一个长久的过程，先从关键的小事做起，靠点滴的积累，一方面树立信心，一方面不断地接近目标。

【2】**把目标和计划落到实处**。把自己的目标记录下来，保证每天都能看到，在一次次的提醒中，加深自己达成目标的意愿。

【3】**养成良好的习惯**。保证计划的准时完成，从每天做起，养成有毅力、有条理的做事方式。

【4】**时刻盯紧自己的目标**。不要单纯地盯人，或者是盯事，而是要排除许多感性的因素和琐事，盯住自己之前设定的目标。

【5】**把复杂的事情做简单**。把琐碎的计划做清晰，简单是指环节简单，建立有效的、直接指向目标的执行方法。

创业需要兼具创业水平和创业激情

有些东西看起来值得珍惜，但这种眼前的利益往往是阻碍你获得更大成功的根源。当新的机会到来时，勇于放弃已经获得的东西，你多半会惊讶地发现，自己抛开的不过是一把虽能遮风挡雨，但又会阻碍视线的雨伞，自己因此看到的却是更加广阔、更加壮丽的江山图景。

想创业，你想清楚这五个问题了吗？第一，你清楚自己的能力吗？大多数人的创业水平很一般。第二，你愿意与他人协作吗？除非你是天才，你可以单干。第三，你的价值观被合伙人认同吗？第四，你有不可抗拒的创业激情吗？第五，你目前的工作方式和状态是否能自如地应对随时飞来的机会？

——2013年7月5日创新工场董事长兼CEO李开复新浪微博

"追随我心"，离开谷歌

2009年9月4日早晨9点整，李开复正式宣布离开谷歌，毅然放弃谷歌总部给予他的1000万美元的天价薪酬，选择离职自主创业。作为他职业生涯一次重要的选择，李开复无疑有着充分的思考和内心推动。

面对铺天盖地的质疑，李开复坦言这次选择是自己"追随我心"的选择。在谷歌的4年，对他来说，是既令人兴奋，又十分辛苦的一段日子，所有的经验、所有的成败换来的耐压能力，以及能够从容应对狂风暴雨般危机的能力，都已经融入他的血液中。面对谷歌未来4年天价薪水的邀约，他也清楚地意识到，自己的目标不是管理更大的团队，而是要追求从无到有的创造，以及突破自我的乐趣。于是，李开复选择追随自己内心的呼唤，放弃高待遇的职业经理人生涯，迈步出去，变成一个带领年轻人的创业者。在未来的日子里，李开复将和中国的年轻人并肩作战。我们有理由相信，这段大胆的旅途，李开复会走得更好，而且新的选择也会给他的人生带来更丰富的经历和更多的机会。

李开复的选择，许多人都不理解。表面上他放弃了自己的优势，踏足全新的领域，很难取得之前的成就。但这些人忘记了，对于一个有更高追求的人，曾经的功绩是荣誉，也是阻碍，阻碍他获得更大的成功。

李开复离开谷歌后，遵从内心深处的想法，创办了创新工场，旨在帮助中国青年成功创业。

职场，是不断迎接挑战和选择的角斗场。工作时间久了，见识多了，也容易被眼前的喧嚣所迷惑，无法把握自己未来的方向。也许满足于眼前的利益，忘记了再往前看，忘记了去看更广阔天地的愿望。有时候，迷恋一时的成绩，不仅限制自我的发展，而且堵住了自己发展其他的可能。

为自己挖一口井

下面这则寓言故事意味深长。

有两个和尚分别住在相邻的两座山里。两座山之间有一条小溪，是这两座山里唯一的饮水来源。两个和尚每天都会在同一时间下山去溪边挑水。久而久之，两人成为好朋友。

不知不觉间，两个和尚在每天诵经、下山挑水、回山做功课的日子里度过了五个春秋。

忽然有一天，左边山上的和尚没有下山挑水，右边山上的和尚以为他错过了时间，不以为然。但随后的数天里，右边山上的和尚一直没见到他，担心他生病了，于是爬上左边这座山去探望他。

右边山上的和尚爬到山上，见到他的老朋友正在庙前打着太极拳，一点儿也不像生病没水喝的样子。右边山上的和尚于是好奇地问道："你已经好多天没下山挑水了，难道你不用喝水吗？"左边山上的和尚笑着说："来，我带你去看看。"

左边山上的和尚带着右边山上的和尚走到后院，后院里多了一口井。"这五年来，我每天做完功课后，都会抽空挖这口井，前些天终于挖出水来。我们现在年轻，自己挑水不是问题，倘若我们年老或是生病时，还能指望别人给我们挑水吗？现在，我不必再下山挑水，可以有更多的时间来练习我喜欢的太极拳了。"

在职场里，工作就像是挑水，做久了，常常为了挑水而挑水，而忘记了寻找其他更便利、更有发展的出路。要知道，增长的不只是阅历和工作经验，还有我们的年龄。随着年龄的增长，每一次选择的机会成本就越来越大，另寻出路所需要的勇气也越来越大。每个人都有自己的极限，在工作中也是，如果在旧有的环境里难以得到成长和突破，那么不妨学学李开复，迈出去，寻找更广阔的天地。

职/场/圣/经

◎ 怎样判断自己是否应该跳槽?

【1】回顾追求。重看自己的追求，看自己与将要达成的目标还有多远距离，可以在适当的时机里选择追求个人目标。

【2】选择暂时离开。利用长假时间，暂时摆脱工作的压力和惯性，在这段平静期里仔细考虑自己何去何从。

【3】注意行业前景。要多方面考虑所选行业的发展前景，结合个人能力，看自己能否有所作为。

现在的我才是真实的我

成功不是要和别人相比，而是要了解自己，发掘自己的目标和优势，努力不懈地追求进步，让自己的每一天都比昨天更好。

不少人说微博上的我不像过去的我。其实，那是过去形象不完整。过去在跨国公司打工，需要包装个人和公司形象，很多话不该说不能说。所以以前是外企高管+大学演讲者的单一形象。但实际上，你今天在微博上看到的我才是真实的我：直来直往、理性中带感性、温和却坚定、有时搞笑甚至萌、兴趣多也多管闲事。

——2013年2月22日创新工场董事长兼CEO李开复新浪微博

从SGI到微软

现代职场竞争日益激烈，人在职场，好比逆水行舟，不进则退。李开复身在职场多年，心中更知该如何领跑职场，那就是要充分发挥出自己的优势。

李开复第二次跳槽时，是在SGI，他所在的多媒体互动部门面临被砍掉的命运。项目虽然失败了，但作为项目负责人，李开复以他准确的市场前瞻受到同行业企业领导人更多的关注。他同时收到了来自英特尔公司和微软公司的高待遇邀请，李开复没有盲目选择，而是对自身和市场做了充分的分析。

在《世界因你不同：李开复自传》中他是这样说的："SGI公司的经历，让我再一次感受到，在一个硬件公司里做软件的艰难。苹果公司和SGI公司都是在自身封闭的硬件环境下，单打独斗地做软件，我知道这并不是未来市场的趋势。我渴望变化。”之前他在苹果公司和SGI公司两个项目被腰斩，和公司封闭的硬件环境有着莫大的关系。英特尔公司也是一家硬件公司，李开复对此忧虑难消：在以硬件为主导的企业，软件工程师的思维会被真正理解吗？再有，英特尔公司管理人员和管理制度相对老化，自己能不能适应英特尔的企业文化呢？比较起来，微软公司几乎垄断了世界软件市场，影响着全人类的电脑操作；还有，微软研究院采用的是李开复的母校卡内基—梅隆大学的研发管理模式。

通过比较，显而易见，微软公司更能满足李开复自身发展的需求，不仅有他熟悉的运作模式，还有更能发挥他优势的环境。于是，李开复选择了微软，就任微软中国研究院院长。在微软中国，李开复又充分地发挥自己学跨中西的优势，带领微软中国创造出惊人的成绩。

每一个公司都有它的优势，也有它的劣势。李开复这次跳槽就是从相对封闭的环境下，跳到了更开放、更有活力的公司里去。作为一名出色的计算机软件工程师，李开复很清楚自己的优势在哪里，他选择发挥自己的优势，在微软中国实现了“最大化影响力”的目标。

森林里的动物学校

跳槽，应该是一种理智的选择。通过对比自己现有环境和改变后的环境，再考虑跳槽的机会成本是否值得你这么做。在目标不明确的情况下，单纯因为某一方面的因素就轻易转行，是极不明智的。关于这一点，有这样一则寓言：

为了学习人类的智慧，森林里的动物们开办了两所学校。第一所学校主要教动物们唱歌、跳舞、游泳和跑步。这天，小鸡、小鸭、小鸟、小兔，还有小山羊、小松鼠都来到这所学校上课。老师宣布上游泳课，小兔傻了眼，因为小兔根本不会水。

小兔子想要转学了，妈妈对它说："你不会水可以不下水嘛，可以在别的课上发挥长处啊！"小兔子不愿意，硬是要妈妈帮它转去另一所学校。

在另一所学校的第一天，老师教跑步，小兔子激动地在体育场里跑了一个来回，并自豪地说："我天性喜欢做的事我肯定能做好！"而其他小动物，有的噘着嘴，有的耷拉着脑袋，都不高兴。

放学后，小兔回到家对妈妈说，"这个学校真棒！我太喜欢了。"第二天一大早，小兔子高兴地来到学校。老师却宣布，今天上游泳课，小兔子又傻眼了，原以为这所学校没有游泳课，没想到还是要上，小兔子继续苦恼着。

这则寓言有着深远的寓意，它诠释了一个普通而又深刻的哲理，那就是：要成功必须发挥自己的长处，让小兔子跑步，让小鸭子去游泳，让小松鼠去爬树。根据成功心理学的理论，一个人能否成功，最主要的是看他能否最大限度地发挥自己的优势。职场生涯是一场马拉松，你可能要坚持跑数十年，只有发挥优势才能减轻负担，才能坚持到底，取得成功。

面临跳槽，尤其是转行，一定要再三斟酌。所谓"做生不如做熟"，选择进入一个新行业，不仅要重新适应新环境，同时也意味着你旧有的人脉作用力会大减，还要找出新的管理方法。毫无疑问，转行跳槽要支付更多的机会成本。

职/场/圣/经

◎ 跳槽前要注意些什么

【1】**积累的优势**。职场奋斗积攒的人脉、工作经验，都是宝贵的财富，即使跳槽，也要小心维护。

【2】**对比寻找优势**。列举出以往工作取得的成绩，找到表现最突出的方面。

【3】**选择企业**。看企业缺少哪方面的人才，是不是和自己的能力相符合。

参考文献：

[1] 李开复. 微博：改变一切. 上海财经大学出版社，2011.

[2] 李开复，范海涛. 世界因你不同：李开复自传. 中信出版社，2009.

[3] 李开复. 一网情深：与学生的网上对话. 人民出版社，2007.

[4] 李开复. 与未来同行. 人民出版社，2006.

[5] 李开复. 做最好的自己. 人民出版社，2005.

[6] 李开复. 新浪微博. http://weibo.com/kaifulee.

[7] 李开复. 微信号：Kaifu.

[8] 创新工场. http://www.chuangxin.com/.